Don Séraphin Kavundi Nlungu

LA DOCTRINE FONDAMENTALEDECHRIST JESUS

Don Séraphin Kavundi Nlungu

LA DOCTRINE FONDAMENTALEDECHRIST JESUS

La transition vers l'illumination

Éditions Croix du Salut

Imprint

Any brand names and product names mentioned in this book are subject to trademark, brand or patent protection and are trademarks or registered trademarks of their respective holders. The use of brand names, product names, common names, trade names, product descriptions etc. even without a particular marking in this work is in no way to be construed to mean that such names may be regarded as unrestricted in respect of trademark and brand protection legislation and could thus be used by anyone.

Cover image: www.ingimage.com

Publisher:
Éditions Croix du Salut
is a trademark of
Dodo Books Indian Ocean Ltd. and OmniScriptum S.R.L publishing group

120 High Road, East Finchley, London, N2 9ED, United Kingdom
Str. Armeneasca 28/1, office 1, Chisinau MD-2012, Republic of Moldova, Europe
Printed at: see last page
ISBN: 978-620-6-16949-9

DON SERAPHIN KAVUNDI NLUNGU

LA DOCTRINE FONDAMENTALE DE CHRIST JESUS

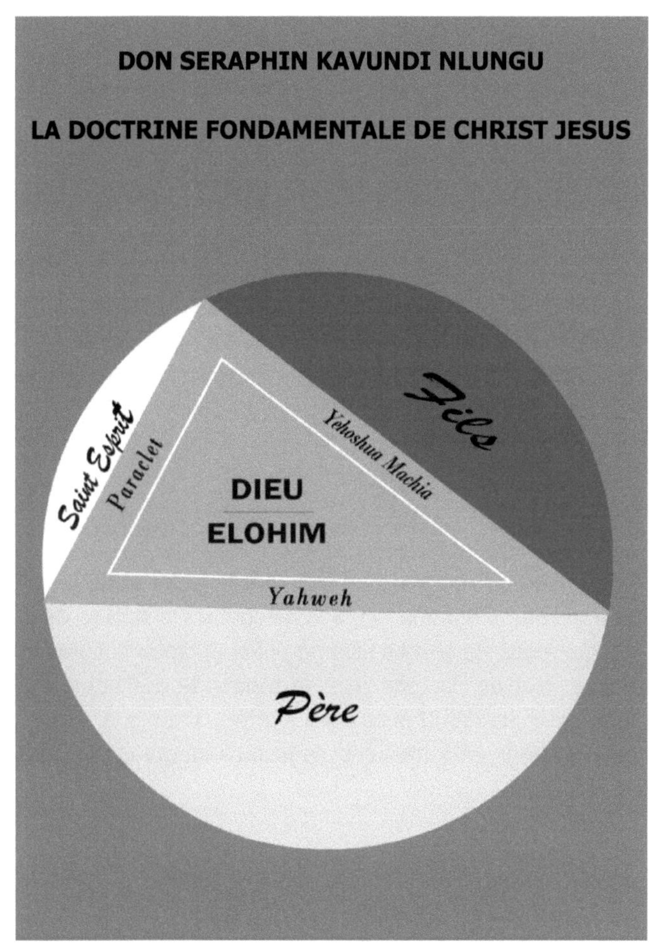

"Jusqu'à ce que nous parvenions tous à l'unité de la foi et de la connaissance du Fils de Dieu, à l'état d'homme fait, à la mesure de la stature de la plénitude de christ. Afin que nous ne soyons plus de petits enfants, ballotes et emportés çà et là par tout vent de doctrine dans la tromperie des hommes, dans leur habileté à user de voies détournées pour égarer ; mais que, étant vrais dans l'amour, nous croissions en toutes choses jusqu'à lui qui est le chef, le christ" (Ephésiens 4 :13-15).

INTRODUCTION

Par doctrine, on entend en théologie, une formule ou un ensemble de formules rendant compte d'un ou de plusieurs aspects du témoignage biblique.

La doctrine est nécessaire pour trois raisons.

1. la réalité scripturaire se présente en ordre dispersé : textes narratifs, prophétiques, sapientiaux, relatifs à l'histoire d'Israël, du Christ et des apôtres ; elle n'est saisissable que par le discernement de ses éléments spécifiques.
2. Elle n'est intelligible que par un effort d'herméneutique, c'est -à-dire d'interprétation permettant la traduction de son contenu dans des catégories de diverses compréhensions que l'homme a de lui-même et des diverses cultures ;
3. Sa cohérence n'apparaît que si l'interprétation des diverses textes se fait à la lumière de 1' analogie de la foi (Romain 12,6), c'est–à-dire du critère qu'offre le contenu même de l'Ecriture, dégagé communautairement par la foi sous l'influence du Saint -Esprit.

Le dogme est la doctrine par excellence, c'est-à-dire l'expression des éléments les plus fondamentaux du témoignage biblique, tels que la trinité ou les deux natures de l'unique personne du Christ. (Doctrine in encyclopédie du Protestantisme, Jean-Louis leuba, page 424).

La doctrine chrétienne est une condition préalable du salut. Les termes de l'apôtre Paul vont en ce sens quand il dit : « ainsi la foi est de ce qu'on entend, et ce qu'on entend par la parole de Dieu » (Romains 10 :17b Avant cela, il déclare que le juste vit par la foi (Romains 1:17). Le mélange de ces deux textes nous fait comprendre que la doctrine chrétienne ou la prédication de la bonne nouvelle de Christ Jésus précède la foi et de surcroît le salut. Bien que l'Ecriture sainte nous informe à propos du résumé de la doctrine quand elle déclare : « et c'est ici la vie éternelle, qu'ils te connaissent seul vrai Dieu, et celui que tu as envoyé, Jésus-Christ.» (Jean 17: 3) ; il est malheureux de constater qu'elle ne nous renseigne que peu à propos de son vrai contenu. D'ailleurs aucun livre de la Bible ne renferme la totalité des enseignements du Christ. Cette situation a pour conséquence directe la multitude d'interprétations donnant naissance à la multiplication des églises du jour au lendemain.

Alfred Kuen est du même avis : « Nous sommes pleinement d'accord avec les réformateurs lorsqu'ils posent SOLA SCRIPTURA (L'Ecriture seule) comme l'un des fondements essentiels de la foi chrétienne. Nous affirmons comme eux que la « Bible est l'autorité souveraine en matière de foi et de doctrine ». Mais à quoi servent de si belles déclarations si l'on ne comprend pas le texte qui sert de fondement à notre foi ou plutôt si l'on en tord le sens ? toutes les hérésies s'appuient sur l'Ecriture ».

D'ailleurs tous les conciles convoqués par l'Ex Eglise témoin, l'Etat de la cité du Vatican, hormis celui de Jérusalem avait pour objectif de réprimer toutes les violations doctrinales à leur manière.

L'exposé clair de la doctrine chrétienne s'avère une nécessité pour l'ensemble corps du Christ. Cela permettra, non seulement la stabilité des enfants de Dieu, mais aussi de fermer la bouche aux détracteurs qui pensent que l'enseignement de l'église est un récit fabuleux composé de toutes pièces afin de manipuler les consciences.

C'est pourquoi, plusieurs autorités soutiennent que les vérités chrétiennes doivent être exposées dans un langage adapté à la mentalité de notre époque. En outre, il précise qu'il faut que la doctrine immuable qui doit être respecté fidèlement soit approfondie et présentée d'une façon qui réponde aux exigences de notre époque. De plus, elle ajoute qu'autre, en effet, le contenu lui-même de la foi et autre, la forme sous laquelle ces vérités doivent être énoncées, non de manière théorique ou abstraite mais de manière à ce que les hommes soient plus profondément imprégnés par elles, s'y attachent avec amour et soient transformés par elles. (leo duviensant s.j, je crois en Dieu le Père, Page 6, Mediaspaul, 1999)   o.

Pour notre part, en vue d'éviter toute extrapolation, nous avons fixé notre regard sur l'épître aux hébreux qui nous donne les principaux points de la doctrine fondamentale de Christ-Jésus. En effet, l'Ecriture déclare : « C'est pourquoi, laissant la parole du commencement de Christ avançons vers l'état d'hommes faits, ne posant pas de nouveau le fondement de la repentance des œuvres mortes et de la foi en Dieu, de la doctrine des ablutions et de l'imposition des mains, et de la résurrection des morts et de jugement éternel. »   (Hébreux 6 :1-2). Ce sont donc là les six points (ou dogme) qui composent le socle de la prédication chrétienne.

L'examen minutieux du symbole des apôtres nous permet de présumer que ce texte est un produit de l'hébreux (6 :i -2) auquel on a soustrait le premier élément traitant de l'abandon des œuvres mortes. Cela ne nous étonne guère dans la mesure ou l'on sait que la torsion de l'Ecriture est la spécialité du serviteur infidèle. Ces gens soutiennent que cette prière correspond de près à l'enseignent des apôtres au commencement de l'église le jour de la pentecôte ; alors ils oublient que tous les apôtres, à l'instar du maître, ont mis un accent particulier sur la repentance.

Le texte que nous venons de citer nous permets de dégager les éléments spécifiques de la foi chrétienne. Il importe de signaler que cette Ecriture date de plus ou moins de deux mille an avant notre ère. Il faut maintenant l'adapté à notre époque pour en faciliter la compréhension et l'assimilation en vie de vivre ses effets. Ici intervient la question d'interprétation, l'herméneutique. Déjà en 1912 Johannes Muller écrivait : « L'absence complet de tout partie prix et la première condition nécessaire pour arriver à une intelligence certaine des paroles de Jésus, mais l'examen historiques et philologique très exact de leur sens original n'est pas moins indispensable. Si d'onc nous saluons avec joie les travaux des laïques, nombreux à notre époque, qui s'efforce de scruter le sens véritable du Sermon sur la montagne (de la Bible notamment), indépendamment des traditions de l'exégèse ecclésiastique, aussi bien que des préjugés théologiques, leur expérience même nous enseigne que nul ne saurait impunément s'affranchir de la recherche scientifique. » Quand à la philologie, la traduction DARBY nous fournit de bons renseignements dans une large mesure puisque sa version suit de très près les textes originaux. Tandis que l'adaptabilité de l'Ecriture en général, des extraits en particulier, Alfred Kuen nous fournit toute une étude détaillée, véritable mine d'or pour tout chercheur inspiré et sincère.

La construction d'une maison exige la réunion de trois éléments à savoir : la pierre angulaire, la fondation et élévation. Il en est de même pour le corps du Christ ; il est généralement admis que Christ Jésus est la prière angulaire, c'est le postulat. La doctrine fondamentale en est la fondation. Dans ce rapport, la Bible parle aussi du lait maternel. Enfin, nous avons l'élévation qui n'est autre que l'enseignement approfondi destiné aux adultes spirituels qui sont les chrétiens murs et expérimentés. En d'autres termes, l'Ecriture parle de la nourriture solide.

Une chose est certaine, le christianisme est une vielle religion qui contient la majorité des croyants du monde entier. Mais une vue paronymique du comportement des chrétiens laisse entendre qu'il y a quelque chose qui ne va pas. Entre doctrine et comportement, il y a un grand fossé. Il semblerait que les chrétiens sont plongés dans une extrême confusion. Ce fait et la résultante de la non compréhension de la parole de Dieu en général, de la doctrine chrétienne en particulier.

La remarque que fit l'apôtre Paul aux hébreux de la période antique a sa cour au temps de la fin qu'est nos jours. A ce sujet, il dit expressément : « car lorsque vous devriez être des docteurs, vu le temps, vous avez de nouveau besoin qu'on vous enseigne quels sont les premiers rudiments des oracles de Dieu, et vous êtes devenus tels, que vous avez besoins de lait et non de nourriture solide ; car quiconque use de lait est inexpérimenté dans la parole de la justice, car il est un petit enfant ; mais la nourriture solide est pour les hommes faits, que par le fait des l'habitude, ont les sens exercés à discerner le bien et le mal. » (Hébreux 5:12-14). Au travers de ce texte, nous avons à faire à deux catégories des chrétiens. De prime abord ; les docteurs (hommes faits) qui ont la maîtrise de la parole de Dieu. Il s'agit là d'une espèce en cours d'extinction. Ensuite, des hommes faits ou des adultes dans une moindre mesure, ce sont ceux qui écoutent la parole de Dieu, l'ont comprise et la mettent en pratique sans problème. Enfin, de petits enfants qui ont du mal à marcher conformément aux exigences de Christ Jésus dans une grande dimension. Ce qui prouve que le besoin de la saine doctrine est grand dans le chef du peuple de Dieu pour l'acquisition d'une base solide afin d'atteindre la maturité souhaitée ; entendu par-là, la stature parfaite du Christ.

Le monde a besoin des chrétiens expérimentés, des champions du bien. Pour y parvenir, il faut nécessairement que les enfants de Dieu aient une base solide. Cela faira d'eux des chrétiens stables. Illustrons cela par un exemple. Dans notre pays deux frères biologiques font de la musique. Tan disque l'aîné joue de la musique chrétienne, le cadet joue de la musique profane. La nuit du 24 décembre de chaque année, l'aîné rassemble un grand public à la veille de la nativité. Et la nuit du 25 décembre, c'est le cadet qui récupère la situation en entraînant le même public dans une ambiance à tout cassé. Un véritable scandale. Dans un tel imbroglio, il est difficile de comprendre qui est chrétien et qui ne l'est pas. Et par conséquent, le non converti reste sceptique à la vue d'un pareil spectacle.

La compréhension et l'application minutieuse de la doctrine fondamentale de Christ Jésus jetteront la base solide qui faira des chrétiens de gens stables, épris du bien. Et le réveil que tout le monde attend sera une réalité par la transformation des enfants de Dieu du fond en comble.

CHAPITRE I LE RENONCEMENT DES ŒUVRES MORTES

« Or les œuvres mortes de la chair sont manifestes , lesquelles sont la fornication, l'impureté, l'impudicité, l'idolâtrie, la magie, les inimitiés, les querelles, les jalousies ,les colères, les intrigues, divisions , les sectes , les envies , les meurtres , les ivrogneries, les orgies ,et les choses semblables à celles-là, au sujet desquelles je vous déclare d'avance , comme aussi je l'ai déjà dit ,que ceux qui commettent de telles choses n'hériterons pas le royaume de Dieu » (Galates 5:19 -21).C'est en ces termes que l'apôtre Paul s'adressa aux galates égarés pour définir les œuvres mortes.

Sans aucun doute, les œuvres mortes sont des œuvres infructueuses des ténèbres qui mettent une séparation entre le créateur et la créature qui est l'homme par excellence. Elles forment une structure pyramidale dont la base constitue l'idolâtrie .Car l'Ecriture déclare : « tu ne feras point d'image taillée, ni aucune ressemblance de ce qui est dans les cieux en haut, et de ce qui est sur la terre en bas, et de ce qui est dans les eaux au-dessous de la terre. Tu ne t'inclineras point devant elles, et tu ne les serviras point ; car moi, l'Eternel, ton Dieu, je suis un Dieu jaloux, qui visite l'iniquité des pères sur les fils, sur la troisième et sur la quatrième génération de ceux qui me haïssent, et qui use de bonté envers de milliers de ceux qui m'aiment et qui gardent mes commandements ». (Exode 20 :4-6). Nous voyons par là toute œuvre morte qu'une personne peut pratiquer est individuelle, c'est- à -dire qu'elle n'a pas de conséquences que pour celle qui la pratique. Tan disque l'idolâtrie a des conséquences transmissibles à telle enseigne qu'elle touche les innocents de la quatrième génération.

Il importe de signaler que les œuvres mortes ne sont pas restées statiques au stade primordial de l'idolâtrie criminelle, mais elles ont sérieusement évolué dans le temps et dans l'espace. Qu'il nous soit permis de préciser toutes les étapes franchies par cette pratique abominable en vue de mieux cerner la question.

1. **Au commencement était le fruit de l'arbre de la connaissance du bien et du mal**

Le mystère qui entoure l'arbre de la connaissance du bien et du mal fait couler beaucoup d'encre et de salive dans la mesure où les diverses interprétations que les uns et autres donnent correspondent de loin à la réalité .les uns disent que c'est la magie, les autres pensent que c'est de la sorcellerie, les autres soutiennent que c'est de la fornication, etc....il importe de savoir qu'il ne s'agit là que des interprétations particulières.

Pour apporter la lumière à cette question, il est nécessaire de grouper tous les textes bibliques ayant trait à ce sujet, et d'en dégager tous les éléments constitutifs qui nous donnent les bases d'une juste interprétation.

En effet, l'Ecriture déclare : « et l'Etemel Dieu planta un jardin en Eden, du côté de l'orient et y plaça l'homme qu'il avait formé .Et l'Eternel Dieu fit croître du sol tout arbre agréable à voir et bon à manger, et l'arbre de vie au milieu du jardin, et l'arbre de la connaissance du bien et du mal ». (Genèse : 2 :8-9) .Elle déclare encore : « Et l'Eternel Dieu commanda à l'homme, disant : tu mangeras librement du tout arbre du jardin ;mais de l'arbre de la connaissance du bien et du mal ,tu n'en mangeras pas ; car au jour que tu en mangeras ,tu mourras certainement ». (Genèse : 2 :16-17). Et dans un autre passage l'Ecriture déclare : « Et le serpent dit à la femme : vous ne mourrez point certainement : car Dieu sait qu'au jour où vous en mangerez vos yeux seront ouverts ; et vous serez comme Dieu connaissant le bien et le mal ». (Genèse 3 : 4-5). Les textes précités nous permettent de mettre en évidence les caractéristiques principales du fameux arbre. De prime abord, la connaissance du bien et du mal. Ensuite, l'arbre procure la mort .Enfin, l'arbre ouvre les yeux qui permettent à l'homme de devenir comme Dieu.

De ce qui précède, il résulte que l'arbre de la connaissance du bien et du mal représente Lucifer ou Satan ; et que son fruit symbolise la connaissance où la science. Ce qui revient à affirmer que le fruit de l'arbre de la connaissance du bien et du mal est bel et bien l'ensemble des connaissances qui permettent à l'homme de devenir comme Dieu. En d'autres termes, c'est le culte rendu à Lucifer. Autrement dit, l'adoration de Satan le diable. Car le diable est aussi appelé le dieu de ce siècle. 2 corinthiens 4 :4).

2. Et le fruit de l'arbre de la connaissance du bien et du mal engendra le
culte du bœuf.

« Et toute le terre avait une seule langue et les mêmes paroles. Et lorsqu'ils partirent de l'orient, ils trouvèrent une plaine dans le pays de shinhar ; et ils y habitèrent et se dirent l'un à l'autre : Allons, faisons des briques, et cuisons les au feu. Et ils avaient la brique pour pierre, et ils avaient la bitume pour mortier. Et ils dirent : Allons, bâtissons nous une ville, et une tour dont le sommet atteigne jusqu'au cieux ; et faisons nous un nom, de peur que nous soyons disperser sur la face de toute la terre. » (Genèse : 11-1-4).

Etant sous la malédiction du père, Cham engendra des fils dont Cush. Et ce dernier engendra Nimrod décrit comme un opposant farouche de Dieu sur la terre, il réussit à bâtir un vaste empire dont le commencement fut Babel au pays de Shinar, l'actuel Irak.

Nimrod réussit à organiser son peuple et à construire une ville. Il établit une bonne politique en s'autoproclamant roi incontesté et incontestable .IL opéra aussi une réforme administrative. Sur de son autorité, il se tapa le luxe d'organiser la vie spirituelle de l'Etat. Ayant l'ambition de perpétrer le culte de fruit de l'arbre de connaissance du bien et du mal, c'est à dire l'adoration de Satan dans sa forme originale selon l'idée de fabriquer une tour dont le sommet devrait atteindre jusqu'aux cieux. Cela veut dire exactement dispenser la connaissance qui permet à l'homme de devenir comme Dieu.

Devant une telle entreprise, il s'est heurté devant un obstacle comme quoi l'homme déchu, chassé da la présence de Dieu, fut dépouillé de la faculté de voir Dieu et les anges face à face. Ce qui fait que Nimrod n'a pas pu restaurer l'abomination édénique relative à l'adoration de Lucifer. C'est pourquoi, il préféra d'apporter une certaine reforme en optant pour une figure du bœuf qui est une représentation de Lucifer d'une manière explicite.

L'entreprise de Nimrod réussit en ce sens qu'il obtient l'adhésion de tous les habitants de son empire qui rendirent hommage à la force du mal par le culte au bœuf .L'instauration de la religion d'Etat accrut le prestige du premier roi terrestre du fait qu'on lui devait un double honneur ; tout d'abord en tant que souverain temporel et en qualité de souverain sacrificateur.

Le géant Nimrod par sa ruse réussit à amener le monde entier à adorer la force du mal par l'entreprise du culte de bœuf. A proprement parler une telle personne serait une incarnation de Satan pour contrecarrer le plan divin salutaire. C'est la raison pure laquelle la parole de Dieu le désigne sous le vocable de puissant chasseur devant l'Eternel, ou simplement le rebelle.

3. Et le bœuf engendra le totémisme.

« Et éternel dit : voici c'est un seul peuple, et ils n'ont eux tous, qu'un seul langage, et ils ont commencé à faire ceci : et maintenant ils ne seront empêchés en rien de ce qu'ils pensent faire. Allons, et descendons et confondons là leur langage, afin qu'ils n'entendent pas le langage l'un de l'autre .Et Eternel les dispersa là sur la surface de la terre ; ils cessèrent de bâtir la ville .C'est pourquoi on appela son nom Babel, car là l'Eternel les dispersa sur la surface de la terre ». (Genèse 11: 6-9).

L'abominable veau d'or suscite la colère du Très Haut, qui du trône de sa majesté dans les lieux célestes, décida de mettre un terme à ce subterfuge pour anéantir la force du mal. Aussitôt la confusion fut semée entre les individus. Les uns dirent une chose, les autres une autre. Le courant ne passa plus parmi eux. Sur ces entrefaites, des groupuscules se formèrent en raison de l'identité linguistique et ils quittèrent la capitale mondiale d'antan, l'Irak, pour occuper des espaces repartis sur toute la surface de la terre. Néanmoins, une souche sémite y maintient une présence permanente.

La diversité climatique entraîna automatiquement la multiplicité de la flore voir de la faune. Ce qui emporta comme conséquence directe la rareté du bœuf dans certains endroits. Tandis que la majorité des peuples remplacèrent le culte de bœuf par celui de l'animal jugé sacré par le chef du groupe, l'ancienne Egypte conserva la divinité de Shinar. Ce fut ainsi qu'apparut le totémisme.

Le totémisme, selon le sens originel de l'acception, désigne la croyance aux totems. Ce dernier signifie l'animal ou le végétal considéré comme l'ancêtre et le protecteur du clan à l'intérieur d'une tribu. Dans son ouvrage intitulé la mythologie primitive, Lucien LEVY-BRUHL reproduit la pensée de AR RADCLIFFE qui soutient : « le totémisme est une association entre un group locale (horde), une espèce naturelle, un centre local pour des cérémonies de multiplication (increase rites), et un être mythique. Le problème du totémisme n'est une partie du problème plus vaste de la relation entre l'homme et la nature dans le rituel et le mythe. Ces problèmes ne doivent pas être considérés séparément. Il est nécessaire de remplacer le premier dans le second. Si l'on veut comprendre l'attitude et la conduite qu'à un australien à l'égard de son totem, il faut se reporter à ce que lui en disent les mythes et les cérémonies, qui lui donnent une instruction et lui imposent des obligations, de caractère également sacré. » (Lucien levy-Bruhl, La mythologie primitive, P.U.F., 1963, page 82.).

Dans son adresse aux romains, l'apôtre Paul explique le totémisme en ces termes : « parce que, ayant connu Dieu, ils ne le glorifièrent comme Dieu, ni ne lui rendirent grâces ; mais ils devinrent vains dans leurs raisonnements, et leur cœur destitué d'intelligence fut rempli des ténèbres : se disant sages ils sont devenus fous, et ils ont changé la gloire de Dieu incorruptible en la ressemblance de l'image d'un homme corruptible et d'oiseaux et de quadrupèdes et de reptiles. »(Romains 1 :21- 23). En outre, le Saint Esprit par la bouche du roi David confirme ce qui suit « car tous les dieux des peuples sont des idoles, mais Eternel a fait les cieux. » (Psaume 96 :5).

4. LE VEAU D'OR NEW LOOK

« Et il arriva que lorsque (Moïse) s'approcha du camp il vit le veau et les danses, et la colère de Moise s'embrassa, et il jeta de ses mains les tables, et les brisa au pied de la montagne. Et il prit le veau qu'ils avaient fait, et le brûla au feu, et le moulut jusqu'à ce qu'il fut en poudre ; puis il le répandit sur la surface de l'eau, et en fit boire aux fils d'Israël. » (Exode 32 : 19-20).

L'épisode du brisement du veau d'or renferme une allégorie. En effet, Moise est une figure de YHWH notre Dieu, les tables de la loi représente le Christ Jésus et le veau d'or symbolise Lucifer. La question qui se pose est celle de savoir ce qui s'est passé exactement. La réponse est la suivante : Dieu notre père s'est mis en peine quand l'humanité toute entière était conduit à rendre un culte à la force du mal.

Pour y remédier, il a brisé son propre fils YEHOSHUA .et dans l'entre temps ou après cela, il a détruit les œuvres du diable .Ainsi nous voyons clairement que le sacrifice du Christ Jésus comme un agneau immolé précède l'anéantissement du serpent ancien en l'enferment dans l'abîme selon que Moise moulut le veau d'or en poudre, ensuite le noya et enfin il autorisa le peuple de l'avaler. Ce qui revient à affirmer que tout chrétien a le pouvoir de maîtriser l'ennemi commun qui vit de sang et de fraude.

Après cela Moise reçut l'ordre d'élaborer les autres tables de la loi. Cette renaissance de la loi est une préfiguration de la résurrection du Christ -Jésus suivi de son couronnement à la droite de la majesté divine dans les cieux. A l'instar du Fils de Dieu revenant à la vie marquant une nouvelle période d'adoration du père créateur en esprit et en vérité, âa force du mal ne croise pas les bras, elle renaît de l'eau où elle a été engloutie pour continuer à faire échec au plan divin salutaire. Pour arriver à cette fin, Lucifer se tourne maintenant vers le rassemblement des enfants de Dieu qui garde le témoignage du Christ Jésus. (Apocalypse 12: 17). Le prophète Daniel nous montre comment Lucifer s'est engagé pour accomplir son dessein malveillant. En effet, l'Ecriture déclare : « Et quatre grandes bêtes montèrent de la mer, différentes l'une de l'autre .La première était comme un lion et elle avait des ailes d'aigle. J'is jusqu'à ce que ses ailes furent arrachées, et qu'elle fut soulevée de la terre, mise debout sur ses pieds comme un homme ; et un cœur d'homme lui fut donné ». (Daniel 7:3).

La première bête sauvage ayant les caractéristiques du lion et de l'aigle empreinte de férocité et de cruauté est l'église catholique romaine qui a pris sa nouvelle forme au concile de Nicée en 325Après avoir tué spirituellement et physiquement les enfants de dieu au cours des siècles des ténèbres, l'église de Rome fut dépouillée de son prestige suite aux événements relatifs à la révolution française qui aboutirons signature du concordat en 1804 Quelques décennies, et plus précisément en 1875,l'état de la cité du Vatican va adopté une autre ligne de conduite .elle se tapa le luxe de défendre la cause de la population auprès de la société capitaliste montante .Ainsi le pape léon XIII définit le rerum novarum ou la doctrine sociale de l'église .le passage de l'évangélisation au syndicalisme ne fut pas un événement fortuit, plutôt elle émane de Dieu selon que l'on voit ses ailes arrachées, se tenant debout comme un homme et un cœur d'homme lui fut donnée. Depuis les dix-neuvième siècles jusqu'à nos jours, l'église catholique romaine se mua en syndicat pour défendre la cause ouvrière .Dépourvue de l'évangile qui sauve, elle se contente de prêcher un évangile social. Notamment l'éducation et la santé.

Dans son ouvrage intitulé ''LE GRAND CONFLIT'' Elles, Ce White, qualifié la bête de l'apocalypse 13 de la papauté (page 564) son argumentation a réveillé mon esprit en étudiant de près cet animal tout en faisant la comparaison avec celles de Daniel 7, je finis par conclure que la première est simplement la sublimation des bêtes vues par Daniel dont les étapes soit les suivantes.

« Et voici une autre, une seconde bête, semblable à un ours, et elle se dressait sur un coté .Et elle avait trois côtes dans sa gueule, entre ses dents ; et on lui dit ainsi: lève, toi mange beaucoup de chair ». (Daniel 7/5) .le deuxième animal représente l'église catholique orthodoxe qui prit naissance lors du schisme grec au 11ème siècle .le pape de Rome excommunia le patriarche de Constantinople (aujourd'hui Istanbul en Turquie),et ce dernier répondit au en maudissant le pape .l'église de Rome subit une duplication ,d'une part nous avons une église catholique romaine à la tête de laquelle se trouve le pape, et d'autre part l'église catholique orthodoxe dirigée par le patriarche de Constantinople .Cette scission suivit de près la situation géopolitique de l'empire romain divisé en deux d'empire d'occident et l'empire d'orient .Cette église est très représentée dans l'hémisphère nord selon que l'on voit l'ours se dressait sur Un côté. Ensuite elle s'est fixée comme objectif d'anéantir la triple couronne papale d'après que l'animal manifeste son intention d'avaler trois ossements, mais en vain. Elle s'est tapée le luxe de pourfendre les péchés dont le pape s'est rendu coupable mais les occidentaux conservèrent une fidélité aveugle au vicaire du Christ. En outre, cette congrégation, en dehors d'empoisonnement de l'esprit humain, Coopéra largement avec le communisme pour persécuter et tuer les disciples fidèles du

Christ Jésus. Elle opéra activement une activité de sape contre l'assemblée de Dieu, qui pour sa survie s'organisa en église du silence, selon qu'elle reçoit l'ordre de manger beaucoup de chair.

«Après cela, je vis, et en voici une autre comme un léopard ; et elle avait quatre ailes d'oiseau sur son dot et de la bête avait quatre têtes ; et la domination lui fut donnée. » (Daniel 7:6).

La troisième bête c'est l'église protestante. Quand l'esprit germanique réagit dans le chef moine augustin en 1516, il opposa une résistance farouche à l'autorité pontificale romain Son intention ne fut pas de quitter l'église mais d'en apporter une réforme plus f précisément le recours aux écritures. Martin Luther fut excommunié par le pape.il répondit en maudissant le pape et le traita de l'antéchrist. le pape somma l'empereur allemand d'extrader Luther à Rome pour être jugé, les princes allemands protestèrent contre la décision de l'empereur. C'est ainsi que le nom de protestant fut attaché au mouvement de la reforme apporte par Luthon

Trois points constituent la doctrine fondamentale protestante qui le sépare de catholique .D'abord sola fide, le salut provient de la justification par la foi seule et non grâce à l'absolution donnée par un prêtre ni par des œuvres de pénitences. Ensuite sola gracia, le pardon n'est accordé que par la grâce de Dieu et non par l'autorité des prêtres ou des papes .en fin sola scriptura, tout point de la doctrine doit être appuyé par l'Ecriture uniquement et non par des papes et des conciles.

Professent défendre la vérité, le protestantisme s'en écarta largement. Devant certaines résistances à son idée, Luther employa la force <u>au lieu</u> et place de la persuasion .par exemple devant les juifs réfractaires au mouvement de reformation, il employa l'antisémitisme en ordonnant aux allemands de massacrer les juifs et de piller leurs biens .Or l'Ecriture déclare : « et je bénirai ceux qui te béniront, et je maudirai ceux qui te maudiront » (Genèse 12 :3). En saccageant les descendants d'Abraham le protestantisme qui touche toutes les extrémités de la terre n'est-il pas maudit? Si la fondation est mauvaise toute la construction est mauvaise en présentant de fissures. C'est le cas de la reformation.

« Après cela, je vis dans les visions de la nuit, et voici une quatrième bête, effrayante et terrible et extraordinairement puissante, et elle avait des grandes dents de fer : elle dévorait et écrasait ; et ce qui restait, elle le foulait avec ses pieds .et elle était différente de toute les bêtes qui étaient avant elle ; et elle avait dix cornes. » (Daniel 7 :7).

Le quatrième animal terrible n'est autre que le pseudo pentecôtisme. Il s'agit d'un abus du mouvement pentecôtiste qui apparut d'une façon extraordinaire au début du 20 siècle .et plus précisément aux Usa. le vent soufflé par ce courant religieux rend difficile la détermination de son fondateur .Mais d'après Pierre Gisèle, il doit son origine au pasteur noir américain James Seymour en 1906. En moins d'une décennie, il atteignit toutes les extrémités de la terre avec une rapidité extraordinaire. Parmi ses pionniers figurent le docteur Torrey aux usa, Evans Robert au pays de Gales ; George Joffrey, wigglesmorth, etc...

Les caractéristiques principales du pseudo pentecôtisme sont la spontanéité du culte et les soi-disant manifestations du Saint Esprit. Quant à la première ,on remarque quelque chose de bizarre ,aujourd'hui quelqu'un reçoit une vision ou un songe au cours de laquelle il voit une personne en blanc lui brandit la bible en lui disant de prêcher la bonne nouvelle ;réveillé du sommeil, demain ou le lendemain il prend l'audace d'annoncer la bonne nouvelle au public tout en s'autoproclamant pasteur sans formation au préalable ,il évolue à tâtons .Aujourd'hui, il annonce une chose ;demain, il proclame une autre ;lendemain, encore une autre. Quel scandale ! Parmi la manifestation du Saint Esprit, nous voyons des éléments comme le parler en langues, la prophétie ,la guérison et l'exorcisme.

Le mouvement pseudo pentecôtisme témoigne que des signes extérieurs des charismes peuvent et doivent se produirent partout t jusqu'à nos jours avec le parler en langues conformément aux écritures .Mais en réalité, ces langues ne font jamais l'objet d'interprétation (1 corin 14 :21-28).I1 ne s'agit que de fabrications humaines. Leur gurison est semblable à l'administration d'un traitement de la médecine moderne. Leur prophétie ne trouve son accomplissement dans le temps et dans l'espace. En outre on trouve dans ce mouvement des éternels démoniaques que les pasteurs pseudo pentecôtistes exorcisent au jour le jour. Beaucoup de gens se demandent si ce ministère pentecôtiste ne serait- il pas celui de chasser les démons ?

« Tout m'est permis, mais tout n'est pas utile », leur devise ; c'est ici où le bas blesse. Selon ce mouvement le salut est impérissable. Une fois sauvée par la grâce, la Personne ne peut pas perdre son salut. Et elle peut tout faire, elle est juste et sauvée pour toujours. Même si l'homme sauvée, en recevant le seigneur Jésus comme sauveur et seigneur, commet un péché qui amène à la mort, il est toujours juste est agréable à Dieu. Les pseudo pentecôtistes foulent aux pieds la sanctification. Ils n'éprouvent aucune crainte envers le créateur .une telle doctrine obscure a fait que le pseudo pentecôtisme est devenu le centre du péché du monde.

Or l'Ecriture déclare : « Car il est impossible que ceux ont été une fois éclairés, et qui ont goûté as don céleste, et qui sont devenus participants de l'Esprit Saint, et qui ont goûté la bonne parole de Dieu et les miracles du siècle à venir, et qui sont tombés, soient renouvelés encore à la repentance, crucifiant pour eux-mêmes le Fils de Dieu et l'exposent à l'opprobre ». (Hébreux 6 :4-6).

Se sentant devant la menace pentecôtiste Satan, redoublant d'effort, réussit a infiltrer ses gens qui ne sont jus des faux frères dans les assemblée de Dieu. Ces gens introduisent des doctrines obscures qui ne cadrent pas avec la parole de Dieu, A titre s'illustration, ces gens soutiennent que tous les chrétiens doivent parler en langues, ce qui a conduit les fidèles du pseudo pentecôtiste a fabriquer les langues pour prouver qu'ils ont reçu le bon du Saint-Esprit. Mais dans leur vie, les fruits de la chair dominent alors voyons ce que l'écriture sainte enseigne '' tous font-ils des miracles ?, tous ont-ils des dons de grâce de guérisons ? Tous parlant-ils en langues ? Tous interprètent-ils ? (1 corinthiens 12 :30) la réponse à l'interrogation est 'NON''

5. Le mûrissement du veau d'or.

« Et je vis monter de la mer une bête qui avait dix cornes et sept têtes, et sur ses cornes dix diadèmes, et sur ses têtes des noms de blasphèmes. Et la bête que j'ai vue était semblable à un léopard, et ses pieds comme ceux d'un ours, et sa bouche comme la bouche d'un lion, et le dragon lui *donna* sa puissance et son trône, et un grand pouvoir. Et je vis l'une de ses têtes comme frappée à mort; et sa plaie mortelles avait été guérie; et la terre entière était dans l'admiration de la bête » (Apocalypse 13 :1-3)

Nous avons montrés au point précédent que les quatre bêtes vues par le Prophète Daniel représentent les quatre piliers du christianisme corrompu ou tout simplement quatre facettes de la fausse religion soit -disant chrétienne, la force du mal savait très bien la religion de Christ -jésus devra prendre à l'assaut toute sa forteresse dont l'idolâtrie en est la forme visible. Il a effectué une visite éclair au sein du christianisme en imitant une religion d'apparence chrétienne et inique quand au fond .il investit le royaume de Dieu au fil au temps en quatre phrases. A l'église primitive des 12 apôtres il substitua l'église catholique romaine, à la reforme il remplaça le protestantisme, à l'église d'orient l'église catholique orthodoxe et en fin à l'église pentecôtiste le pseudo pentecôtisme. C'est le phénomène que nous appelons la destruction de l'assemble de Dieu.

Connaissant bien le besoin de Dieu relatif à la reconstruction de l'église, la force du mal ne croise pas les bras .il forme le projet de réunir en un tout ce qui était jadis séparé car l'union fait la force. C'est pour quoi il s'organisa pour la seconde manche en mettant ensemble les quatre piliers de l'église corrompue en un tout homogène connu sous le vocable de l'œcuménisme, en grec OIKUMENE; nous entendons par là, la tendance à l'union de toutes les églises chrétiennes. Il suffit; d'une simple rétrospection, il est étonnent de voir catholique et protestant adorer au sein d'un même temple et partager un même enseignement. En réalité, étant assis sui$ une table pour manger, qui adorent-ils ? Nous répondrons : sûrement pas Christ mais Marie. La nature n'enseigne-t-elle pas que ceux qui se ressemblent s'assemblent.

Qui n'est autre que la déesse de l'ouest Europe, la femme de Zeus, autrement dit Diane, arthémis d'Ephèse, ou encore LIBERTAS, Dieu au féminin, la divinité franc-maçonne Par rapport à ce consensus obscur, l'apôtre Paul nous avertit en ces termes ''.

''Ne vous mettre, pas avec les infidèles sous un joug étranger car quel rapport y a-t-il entre la justice et l'iniquité ? Ou qu'y a-t-il de commun entre la lumière et les ténèbres ?

Quel accord y a- t- il entre Christ et Bélial ? Ou quel part a le fidèle avec l'infidèle ?
Quel rapport y a –t-il entre le temple de Dieu et les idoles ? Car nous somme le temple de Dieu vivant, comme Dieu l'a dit : j'habiterai et je marcherai au milieu d'eux ; je serai leur Dieu et ils seront mon peut peuple.

C' est pourquoi, sortez, du milieu d'eux et séparez – vous, dit le seigneur ; ne touchez pas à ce qui est impur, et je vous accueillerai je serai pour vous un père, et vous serez pour moi des fils et des filles, dit le seigneur tout puissant (2corinthiens 6 : 14 – 18) A bon entendeur, Salut !

CHAPITRE II. LA FOI EN DIEU

«Allez donc, et faites des disciples toutes les nations, les baptisant pour le nom du Père et du Fils et du Saint Esprit. » (Mat 28 :19)

Dieu se définit comme étant l'être suprême, créateur et conservateur de l'univers. (Larousse de poche 2004, page 243).

« Au cours des millénaires, les hommes ont recherché Dieu d'innombrables façons, c'est ainsi que, dans le monde entier, le phénomène religieux a pris une variété extraordinaire de formes. (L'humanité à la recherche de Dieu, page 1). Formes que nous avons signalées au point précédent dans la plupart des cas, cette recherche de Dieu a subit un cuissant échec pour la simple raison que l'homme déchu est incapable de découvrir Dieu parce qu'il est prié de sa gloire depuis la chute en Eden. (Romains 8 :23).

Dieu est un être glorieux. Pour le saisir il faut être, comme lui, glorieux. Donc comme l'homme n'est plus glorieux, il ne peut trouver Dieu. La question qui se pose est celle de savoir comment peut-on le trouver ? Nous répondrons : c'est au travers la révélation comme l'écriture déclare : « Toutes choses m'ont été livrées par mon Père ; et personne ne connaît le Fils, si ce n'est le Père ; ni personne ne connaît le Père, si ce n'est le Fils, et celui à qui le Fils voudra le révéler. » (Matthieu 11:27).

Le rejet de l'homme par Dieu a fait de ce dernier un inconnu couvert de mystère qui ne peut être dévoilé que par la révélation. Cela ne dépend pas de l'homme mais de la souveraineté de Dieu. Beaucoup de personnes au fil du temps ont fourni des multiples efforts pour connaitre le Dieu suprême, mais ils ne l'ont pas découvert. Bien plus, la plupart d'entre eux ont frappé sur une mauvaise porte en adorant l'ange de la lumière aux lieux et places du vrai Dieu. Nous pouvons donc affirmer que l'initiative de découvrir Dieu émane de Dieu lui-même. En d'autres termes, ce n'est pas à l'homme de découvrir Dieu, mais c'est à Dieu de se faire découvrir à l'homme.

Pendant des siècles, Dieu s'est fait découvrir progressivement aux personnes de sa bienveillance. De prime d'abord, il a apparu à Abraham, à Isaac, et à Jacob par le nom de Dieu Tout Puissant, en hébreux : « El - Shaddaï » (Genèse 17 :i ; 28 : 3). Ensuite à Moïse, il a apparu dans un premier temps par le nom de « je suis celui qui suis» ou tout simplement «je suis» (Exode3:14); et dans un second temps, il s'est fait connaitre par son nom propre « YHWH » dont la prononciation véritable est perdue depuis les temps anciens du fait de la crainte qu'éprouvaient les Israélites à prendre le nom de Dieu en vain sans être coupable. La difficulté de prononcer le nom propre de Dieu a conduit à des dénominations abusives telles que l'Eternel, Yahvé ou encore Jéhovah. En tous cas, une chose est certaine, il est dangereux de fabriquer un nom pour Dieu. Car l'Ecriture déclare : « je suis YHWH. Je suis apparu à Abraham, à Isaac et à Jacob, comme El - Shaddaï; mais je n'ai pas été connu d'eux par mon nom de YHWH » (Exode 6 : 2-3).

Appeler Dieu par El - Shaddaï ou par YHWH ne furent que les résultats partiels. La véritable identité du créateur devra être connue par la suprême révélation apportée par son propre Fils unique Adonaï Yehoshua Machia, communément appelé Jésus Christ en français, qui comme nous l'avons vu, apporte par son propre sacrifice le salut du genre humain en faisant connaitre au monde le vrai nom de l'être suprême qu'il traite directement et sans ambages de son propre Père. En effet, l'Ecriture déclare : « Et je leur ai fait connaitre ton nom, et je le leur ferai connaitre, afin que l'amour dont tu m'as aimé soit en eux, et moi en eux». (Jean 17:26). Ce fragment du texte sacré fait ressortir deux moments de la révélation du nom de Dieu Très-Haut. Il ya d'une part l'antériorité, et d'autre part la postériorité par rapporté à la prononciation du discours sacerdotale rapporté dans Jean 17. Avant sa mort le Christ Jésus montra à ses disciples que l'être suprême s'appelle père, en heureux Abba. Dans tous ses discours et invocations, il s'adressa au Père. (Mat (6 : 9 ; 11125 ; 16 :17 ; 26 :39), Jean 17 ; 1). Et après sa mort, il enseigna que l'être suprême s'appelle toujours Père. (Jean 20 :21). Pendant le séminaire de quarante jours qu'il a eu avec ses disciples après sa résurrection d'entre les morts, il précisa que dans l'être suprême il n'y a pas que le Père mais aussi le Fils et le Saint-Esprit (Mat 28 :19).

N'en déplaise aux défenseurs de la doctrine de la sainte trinité. Pour notre part, nous osons croire que dieu est trois en rapport inégal et dans l'ordre décroissant : Père - Fils - Saint-Esprit. Car l'Ecriture déclare : « mais le consolateur, l'Esprit Saint, que le Père enverra en mon nom, lui, vous enseignera toutes choses et vous rappellera toutes les choses que je vous ai dites ». (Jean 14 :26).Et dans un autre endroit, elle dit : « car mon Père et plus grand que moi ». (Jean 14 : 28 c).Au travers ces écrits, nous voyons trois dimensions divines que nous, comparons au triangle quelconque à trois cotés inégaux. Tandis que le Fils vient au nom du Père, le Saint Esprit vient au nom du Fils. En d'autres termes, le Père commande au Fils, et celui-ci commande au Saint Esprit. Les trois commandements donc aux apôtres (disciples) selon qu'ils reçoivent l'ordre de baptiser au nom du Père, et du Fils et du Saint Esprit. Et les trois personnes divines s'accordent en tout et pour tout, elles ne sont jamais en contradiction.

Poussé par le Saint Esprit, l'apôtre Jean, il confirme qu'il prophétise de la part de trois personnes divines lorsqu'il déclare : « Révélation de Jésus Christ, que Dieu lui a donnée pour montrer à ses esclaves les choses qui doivent arriver bientôt ; et il l'a signifiée, en l'enseignant par son ange, à son esclave Jean (Apocalypse : 1 :1). Nous voyons l'interaction de trois personnes divines dont la dernière est dépeinte comme un ange dont les détails sont signalés dans les versets 4 à 6. Il s'agit bel et bien de la personne de Saint Esprit.

Pour notre part, nous soutenons l'idée de l'union de trois personnes divines distinctes (Père- Fils- Esprit Saint) ne formant qu'un seul Dieu en nous appuyant sur la révélation que nous avons reçue du Très-Haut. En effet au cours de l'extase relative à la reconstruction de l'assemblée de Dieu que nous avons eue au mois de février 1993, Dieu s'est manifesté à nous au travers trois nuées pointées à l'horizon ; et dans chacune d'elles, il y a ainsi alternativement le Père, Fils et le Saint Esprit. De plus, depuis 1992 où nous avons répondu favorablement à la vocation que Dieu nous a adressée, le Père nous a parlé deux fois, le Fils nous a parlé quatre fois, tandis que l'Esprit Saint nous a parlé des milliers de fois, et il nous parle au jour le jour pour l'accomplissement de l'ordre suprême, pour l'édification du Corps du Christ qui est l'assemblée de Dieu vivant.

Après avoir discouru sur la révélation d'après laquelle Dieu est trois, il convient à présent de déterminer avec précision le rôle que chaque personne divine joue dans le dessein de la création. Vue la délicatesse du sujet, nous nous permettrons de prendre un exemple de la vie courante pour aider le lecteur à appréhender le vrai sens du Dieu tricéphale qui continue à diviser le monde chrétien depuis la genèse de l'église dans l'antiquité. Sur ce, nous prenons pour type la construction de bâtiment. Pour qu'il ait un édifice, il y a le concours de trois éléments à savoir : l'architecte, le contremaître, et le maçon. De même dans la création, nous avons la coopération des trois personnes divines. Dieu le père en tant qu'architecte, Dieu le Fils en qualité de maître d'œuvre et Dieu le Saint-Esprit comme maçon.

I.LE PERE : L'ORGANE DE CONCEPTION

La construction d'un édifice nécessite un plan. Celui - ci est conçu par un architecte qui élabore selon son bon vouloir tout en respectant les normes. Beaucoup d'élément concourant pour la conception d'un plan. A titre d'exemple citons, les conditions climatiques, l'état au sol, l'écologie, les finances, la démographie, la durée, les matériels. Pour la construction, les mathématiques, etc.... Si toutes les conditions sont réunies, l'architecte peut déjà présenter de son entreprise future. Encore plus, une maquette est prévue pour avoir une idée de ce que sera l'œuvre finale.

Tout comme l'édifice humain, la création n'échappe pas à la règle. Elle a été élaborer selon un plan fixé d'avance dont Yahweh est l'architecte. Car l'écriture déclare : « car il attendait la cité qui a le fondement, de laquelle dieu est l'architecte et la créateur. (Hébreux 11:10) en tout cas, dieu le père est l'architecte de l'univers.

Si nous prenons l'exemple de la construction du temple de Jérusalem, le père est comparable au David qui a eu l'idée de construire une maison pour le Dieu d'Israël (1 chr 17: 1-2) et qui, par la suite, a conçu un plan pour sa construction, (1 chr 28 :11-17)

Quant au rang, le Père est plus grand que le Fils et l'esprit saint. Le christ-jésus la souligné en disant : car mon père est plus grand que moi (jean 14 : 28) dans notre figure du triangle quelconque qui est une représentation de Dieu, le grand coté représente le Père. Ainsi le Père est en tout temps celui qui est supérieure. A maintes reprises, le christ-jésus étalait la supériorité du Père (mat 3 : 16-17) ; (Luc 4 : 18) ; (Mat 20 ; 23) ;(Luc 22 : 1-42) ; (Marc 15 :34) ; (Luc 23 : 46) ; (actes 2 :1-42) ; (Marc 13 : 32)

En tout état de cause, l'architecte occupe une place une de première ordre dans l'édification d'un bâtiment. il est tenu de rendre compte de responsabilité surtout en cas d'écroulement de la construction. Il est ainsi traduit en justice pour la réparation du dommage causé.

Nous voyons par-là que l'entreprise de l'architecte, en l'occurrence le concept, est très capitale pour la vie de l'édifice. De même, notre univers tournant autour du système solaire tient bon par ce qu'il obéit à des lois d'ordre du cosmos que Yahweh a parfaitement conçues de sa propre autorité.

II. LE FILS : L'ORGANE DE DECISION

Après avoir eu l'idée, conçu le plan et fabriqué la maquette, l'architecte remet le modèle au maitre d'œuvre pour la continuité de l'entreprise. Celui-ci est appelé à traduire en acte ce qui à été conçu mentalement. Il ne passe pas directement à la construction, mais il réunit les moyens disponibles (matériels, humains, financier) ; en même temps il précise les activités pour y parvenir et pourquoi pas la stratégie. C'est bien le rôle du Fils de Dieu Adonaï Yehoshua Machia qui a agi en tant que décideur dans la construction de l'univers. Car l'Ecriture déclare : « En lui nous avons la rédemption, la rémission des péchés ; qui est l'image du Dieu invisible, le premier né de toute la création ; car par lui ont été créées toutes choses, les choses qui sont dans les cieux et les choses qui sont sur la terre, les visibles et les invisibles, soit trônes, ou seigneuries, ou principautés, ou autorités : toutes choses ont été créés par lui et pour lui ; et lui est avant toutes choses, et toutes choses subsistent par lui.» (Colossien 1: 14-17).

Considérons la construction du temple de Jérusalem, le roi Salomon est une figure du Christ Jésus qui a rassemblé les moyens pour la réalisation de la maison de Dieu. L'histoire nous enseigne que David qui eut l'idée de bâtir le temple fut empêché pour sa réalisation. Cet empêchement n'est pas un fait du hasard. Bien que la Bible nous renseigne sa raison, le fait de verser beaucoup de sang ne peut en aucun cas faire obstruction à la réalisation du plan de Dieu. Nous voyons aussi Josué versant beaucoup de sang conquérir la terre promise. En revanche l'empêchement que connut David cachait quelque chose : les limites de ses compétences. Le Très-Haut voulait montrer par-là que le rôle de David se limitait à la conception de la construction du temple de Jérusalem comme il était lui-même dans la construction de l'univers. La décision de l'édification dévolue à Salomon est une image du Christ-Jésus dans la création de l'humanité. (I Chroniques 17:11-12).

Le seigneur Christ-Jésus correspond au second coté de notre triangle quelconque. De même que cet côté est inférieur au premier et supérieur au troisième, le Christ est inférieur au Dieu le Père bien qu'il soit lui-même Dieu. Il occupe donc le second rang dans l'éternité divine. En effet, l'Ecriture déclare : « et que le chef du Christ, c'est Dieu. (I Corin 11:36)

III. LE SAINT ESPRIT : L'ORGANE D'EXECUTION

Le maçon réalise la construction en gros œuvres ou de légers ouvrages d'enduits, de ravalement, etc.... Il est secondé par des aides. Il utilise les moyens disponibles mis en place par le maître d'œuvre. Le magasin est son entière disposition. Pour accomplir sa tâche, il se sert des instruments appropriés tels que le niveau, le fil à plomb, l'équerre, la règle, la pelle, la taloche etc....

Dans le cas de l'univers, l'ouvrier principal est le Saint Esprit. Il exécute l'œuvre de la création de Dieu le Père. Dans l'accomplissement de sa tâche, il est assisté par des anges. Car l'Ecriture déclare : « Ô Dieu ! Envoies - ton Esprit, il y aura création et tu renouvelleras la face de la terre. » (Psaume 104:30). Et dans le livre des proverbes, le chapitre huitième parle de la sagesse qui représente le Saint-Esprit dans son existence et dans son essence. Le Saint-Esprit est donc une personne divine. Celui qui l'a bien vu c'est l'apôtre Jean dans sa vision à île de Patmos. (Apocalypse 1:4-6)

Le rôle joué par Hiram, roi de Tyr, dans l'édification du temple Jérusalem est une représentation de l'œuvre du Saint-Esprit .Hiram a été le principal artisan dans la construction de la maison de Dieu. Il chargea son délégué Huram-Abi pour la réalisation l'ouvrage. (I Chroniques 2).la caractéristique principale de cet ouvrier est qui il était un homme habile et doué d'intelligence. C'est aussi l'un des attributs du Saint - Esprit. (Esaïe 11 :1-2).Le Saint - Esprit représente le petit côté de notre triangle quelconque. De même la dernière dimension est inférieure aux deux premières, le Saint - Esprit est une personne divine qui est inférieure au Père et au Fils. Il Occupe la troisième place de la divinité. Mais cette position n'est pas négligeable car jésus a prévenu que tout péché commis contre lui ou contre le Père est pardonnable, mais le blasphème contre le Saint-Esprit est impardonnable. (Mat 12 :31). Quant au trône, il occupe bel et bien la troisième place car l'Ecriture déclare : « celui-là me glorifiera ; car il prendra de ce qui est à moi, et vous l'annoncera. Tout ce qu'a le Père est à moi ; c'est pourquoi j'ai dit qu'il prend du mien, et qu'il vous l'annoncera.» (Jean 16 :14 :15)

De ce qui précède, il résulte qu'il y a trois personnes divines en Dieu comme l'a remarqué une autorité : « Dieu est un, et Dieu est trois » (Eugene Clark). Pendant son ministère royal et prophétique, le roi David a constaté l'existence de trois Dieux. Dans un passage il dit : « le Seigneur a dit à mon Seigneur : assieds-toi à ma droite jusqu'à ce que je fasse de tes ennemis le marchepied de tes pieds ». (Psaume 110:1). Puisque les deux Seigneurs sont au ciel, il ne devrait plus avoir un autre Seigneur. En revanche, dans un autre endroit, il voit un autre Seigneur en permanence à ses côtés quand il chante : « Je voyais constamment le Seigneur devant moi, il est à ma droite afin que je ne sois pas ébranlé ». (Psaume 16 : 8). Le calcul est simple à faire. Deux Seigneurs du ciel plus un Seigneur terrestre nous donnent trois Seigneurs. Ce qui revient à affirmer que les trois êtres divins représentent successivement le Père, le Fils et le Saint-Esprit. D'où l'existence de trois personnes en Dieu est une évidence.

4. LE ROLE DE S ANGES

La quatrième partie de notre figure est le domaine des anges dont l'apôtre définît au ces terme « Et auquel des anges a-t-il jamais dit : Assieds – toi à ma droite, jusqu'à ce que je fasse de tes ennemis ton marche pied ? Ne sont – ils pas tous des esprits au service de DIEU, envoyés pour exercer un ministère en faveur de ceux que doivent Heri du salut (Hébreux 1 : 13 -14). Les anges existaient avant la création de l'homme, car il est dit qu'avant que les fondements du de la terre fussent posés, les Etoiles du matin chantaient Ensemble, et que tous les fils de Dieu criaient de joie (Job 38 : 7).

Apres la chute de l'homme, des anges furent a envoyés pour garder l'arbre de vie (Genese3 :24), alors qu'aucun être humain était encore passé par la mort par leur nature, Les anges sont supérieurs à l'homme. David dit que ce dernier a été fait de peu inférieur aux anges (Psaume 8 : 6).

L'Ecriture nous relate concernant le nombre, la puissance et la gloire des êtres célestes leurs fonction dans le gouvernement de Dieu, ainsi que leur relations avec l'œuvre de la rédemption. Ils se tiennent dans la salle du trône du ROI des roi, des anges puissants en (Apocalypse 5 : 11).

Le prophète Daniel avait eu ces messagers céleste, au nombre de mille millions et de dix milles millions. Paul les appelait : « une armée innombrable ». (Daniel 7 : 10 ; Hébreux (12 :22) Ils ont l'apparence de l'éclair (Ezéchiel 1 : 14), si éblouissante est leur gloire, et si rapide est leur vol. L'ange qui apparut au sépulcre du Sauveur, ayant l'aspect de l'éclair, et un vêtement blanc comme la neige, causant aux gardes une telle frayeur, qu'ils devinent comme morts. (Mathieu 28 : 3 – 6). Quand sanchererib l'insolant monarque assyrien, eut outrage et insulte Dieu, et menace Israël de destruction, « Cette nuit – la l'ange de l'éternel sortit, et tua cent quatre – vingt-cinq mille hommes dans le camp des assyriens. L'ange extermina tous les hommes forts et vaillant les *chefs*, et les capitaines de l'armée de sanchererib, de sorte qu'il s'en retourna confus dans son pays. (2Roi 19 : 35 ; 2 Chronique 32 :21).

Les anges sont envoyés aux enfant de Dieu en mission de miséricorde , a Abraham avec des promesses de bénédictions , aux portes de Sodome pour arracher le juste lot aux hommes de destruction , a Elie , au moment où il allait périr de fatigue et de faim dans le désert , a Elisée pour entourer de chariots et de chevaux de petit ville où il était enferme par ses ennemis, a Daniel, alors qu'il implorait la sagesse divine a la cour d'un roi païen , ou était destiné à devenir la proie des lions, a pierre condamne à mort dans le cachot d'Hérode , aux prisonniers de Philippe, a Paul et à ses compagnons au milieu d'une tempête nocturnes . Ils furent envoyés pour ouvrir l'esprit de corneille à l'Evangile, pour dépêcher pierre, avec un message de salut, chez le centenier. Voilà comment, dans tous les siècles les saints ânes ont exercé leur ministère en faveur du peuple de Dieu.

Un ange gardien est affecté à chaque disciple de Christ ces sentinelles célestes protègent les justes de la puissance du malin, Satan lui – même le reconnaissait, lorsqu'il disait : « Est – ce d'une manière des intéressée que Job craint Dieu ? N'as – tu pas mi une haie autour de lui et autour de sa maison et autour de tout ce qui lui appartient de tous les cotes ? » (Job 1 : 9 ,10)   en force, que excitent ses ordres en obéissants à la voie de sa parole » (Psaume 103 :19-21).

Le moyen dont Dieu se sert pour protéger son peuple nous est indiqué dans ces paroles du Roi David : « l'ange de l'Eternel camp au tour de ceux qui le craignent, et les arrache au danger » (Psaume 34 : 8). Parlant des ceux qui croient en lui, le sauveur disaient : « Gardez-vous de mépriser un seul de ces petits, car je vous dis que leurs anges dans cieux voient continuellement la face de mon père » (Mathieu 18 : 10) cela signifie que les anges changer de veiller sur les enfants de Dieu ont à toute heure accès auprès de lui.

Da plus le seigneur Christ-Jésus a dit : « je vous le dit, qui conque me confessera devant les hommes, le fils de l'homme le confessera aussi devant les anges de Dieu, mais qui conque me reniera devant les hommes sera renié devant les anges de Dieu. «(Luc 12 : 8 – 9) » C'est pourquoi ce lui qui veut bénéficier de cette protection spéciale n'a qu'à vivre christ – jésus.

5. LA CONFUSION

Il est souvent constaté une confusion dans le chef des enfants de Dieu dans la mesure où ils ne savent pas l'identité de leur interlocuteur Quand ils sont l'objet d'une visitation divine, il leur est difficile de distinguer qu'il s'agit du père, ou du fils, ou du Saint-Esprit ou même des anges.

Nous avons tous la nature du père il est créateur , Eternel , immortel , Spirituel , Invisible , immuable , infini , insondable , toute – présence , toute-puissance, toute-science, Providence   Sainteté , Justice ,Amour ,Bonté ,Gratuite, Miséricorde, Amour, Indulgence, ….. , Feu consumant. Chose curieuse, les fils de Dieu porte   aussi souvent les mêmes caractéristique A titre d'illustration, Esaïe prophétisé en ce termes : « Car un en enfant nous est né, un fils nous est donné, Et la domination reposera sur son épaule ; on l'appellera Admirable, conseiller, Dieu puissant, père Eternel, prince de la paix (Esaïe 9 : 5). Enfin le Saint Esprit à son tour porte les mêmes caractéristiques il est créateur (Genèse 1 :1), Eternel (Job 33 : 4 ; Psaume

104 : 30 ; Hébreux 9 : 14, toute – présence (Psaume 139 : 7 – 13), toute – science (Ezéchiel 11 : 5) toute puissance (Esaïe 11 : 2), Sainteté (Esaïe 63 : 11 , jean 14 : 26 , Romain 15 : 16 , 1 jean 2 : 20).

Dans la quatrième partie de notre figure, les rôles des trois personnes divine s'entremêlent et sans oublier la présence des anges. Nous voyons souvent le père, le fils et le Saint–Esprit compris les anges. C'est pourquoi les enfants de Dieu s'expriment souvent en ces termes : « Dieu M'AS DIT » alors qu'il faudra nuancer.

Paul, bénéficiaire, de la grâce particulière, a mis en évidence l'intervention des trois personnes divines et des anges dans son ministère. De prime abord, il voit, dans le chemin qui mené à DAMAS, une double intervention divine, Dieu en tant lumière et jésus – christ l'interlocuteur. (Acte 9 : 3 , 5 ; 17). Ensuite il est recommandé par le Saint – Esprit pour aller en mission (Acte 13 : 1 - 4) Enfin il est assiste par les anges d'une façon permanente tout au long de son ministère par exemple lors de son voyage pour Rome : « un ange du Dieu a qui j'appartiens et que je sers m'est apparu cette nuit , et m'a dit : Paul ne craint point ; il faut que tu comparaisse devant césar , et voici Dieu t'a donné tous ceux qui naviguent avec toi « Acte 27 : 23 – 24) ».

6. <u>LA LOCALISATION DU TRONE DE DIEU</u>

1. Quelques bases scripturaires

Tout au long de l'écriture, les hommes inspirés sont unanimes quant à la manière de décrire l'habitation physique de Dieu – créateur. A la question de savoir comment prier le christ – jésus enseigne « Notre prière qui est aux cieux » (Mathieu 6 : 9) Bien avant lui, le Roi David a chanté : « Les cieux sont les cieux de l'Eternel, et il a fait la terre pour l'homme » (Psaume 115 : 16) Dans le même cantique il avance ce qui suit : « Pourquoi la nation diraient – elles : Où donc est leur Dieu ? Notre Dieu est au ciel, il fait tout ce qu'il veut (Psaume 115 : 1- 3). Ce dernier texte abonde la Question concernant le lieu, la résidence sacrée la réponse est claire comme l'eau de source le domaine de Dieu se trouve quelque part dans notre système solaire.

2. La source d'inspiration

« Je connais un homme qui, en date du 16 Février 1993, fut visité par Dieu dont les faits sont les suivants :

« Je dormais vers 22hoo, arrivé à 0h00, je me suis réveillé et j'avais l'insomnie qui m'empêchait de dormir. Pendant deux heures j'étais tourmenté dans mon âme Au première chant du coq, vers 02hoo du matin, je me suis vu traversée par un courant électrique, mon corps vibrent internement a tel enseigne que je ne pouvais pas résister devant une telle force tout à coup, je fus transporte en esprit je n'ai pas vus qui me transportait.

Je montai, je montai et je montai en mouvement recto ligne uniforme. Arrivé quelque part, je perdis le contact avec le monde physique et j'entrai dans le monde invisible. je montai, je montai et je montai, je perdis le contrôle du monde invisible et j'entrais dans le monde des ténèbres. Je montai, je montai et je montai tout à coup je perdis le contrôle du monde des ténèbres et j'entrais dans le monde des lumières, Je montai, je montai, je montai et je fus déposé sur un long sentie, droit sans commencement ni fin. A droite la verdure et à gauche le verdure. A l'extrémité de la route, plus précisément à l'horizon, je vis trois nuées. Je compris que c'est la présence de Dieu tout puissant ; Alors fixant les yeux sur les trois nuées je commençais à faire la prière suivante : « O PERE, PARLES JE T'ECOUTE, O MON DIEU PARLES JE T'ECOUTE », Plusieurs fois. Après cela je fus déposé quelque part sur l'avenue de la libération. il y avait à ma gauche un homme blanc en Robe blanche (soutane). Et j'ai vu un cortège venant de quelque part, je demande à l'homme vêtu de blanc de quoi il s'agit. il répondit : « c'est un catcheur qu'on adore ». Je me suis crié quel blasphème ! toute fois nous regardons la foule pour savoir ce qui va se passe Quand elle arrive à plus ou moins vingt mètre de chez nous , je vis clairement une homme brun transporté sur une civière par quatre personnes , il est beau , brun , cheveux longs et débrayés , torse nu , culotte jusqu'aux tibias et pieds nus , Et l'impie était très content . Et moi j'étais étonné de voir l'impie à l'état pur.

Et la foule pris la direction perpendiculaire à l'avenue de la libération et s'arrêta devant l'Eglise que je fréquentai. Ils entrèrent dans cette assemblée, les quatre personnes qui portaient la civière la déposa sur terre. L'impie se mit debout et donna l'ordre de tuer tous les serviteurs de Dieu. Chose faite à la hâte. Il nomma ses gens aux différents postes de responsabilité au sein de la maison de prière, Et lui-même s'assit sur l'altar et commença à diriger l'Eglise aux mains de maitre.

Apres cela, je me trouve sur une haute montagne vêtu en robe blanche, à genoux, lèvent les mains vers le ciel faisant cette prière : « O Dieu Tout –Puissant, le Diable a détruit ton sanctuaire, il a tué ton peuple, l'Eglise est corrompue ? Ta maison est dévastée, l'impie règne sur ta maison ! O Dieu ne reste pas silencieux ! O père aie pitié de ton peuple ! O mon Dieu agit. Et pendant que je priai, je vis une force   invisible sous forme de vent (tempête) venant du ciel et s'abattre sur cette assemblée corrompue cela causa une grande désolation en ce sens que cette synagogue de Satan fut réduite en cendre comme il s'agit d'une frappe atomique la situation m'effraya beaucoup.

Après cela je me suis trouvé sur une autre haute montagne devant la porte d'une maison. J'étais habillé en robe blanche et détenant une grande clé à la main. Les gens venant en grand nombre pour entrer dans cette maison. Si te trouve digne je te fais entrer, au cas contraire je te prie d'aller confesser tes péchés. Du matin au soir, je faisais entrer ceux qui étaient dignes, et je refusais l'accès à ceux qui étaient indignes avec possibilité de sa repentir. Au temps du soir, moi-même j'entrais et je fermais la porte à clé.

Apres cela, j'étais chez moi, un de mes amis est venu me rendre visite accompagné par une autre femme, je lui disais ceci : « Mon frère, moi je te connais avec une autre femme appelée Rose, la mène de ton enfant parfait, d'où vient cette femme – ci. Donc je ne peux pas te recevoir.. Il riait, il tente pour une seconde fois. Il se heurte devant ma résistance en lui disant les mêmes paroles.

L'homme est partie voir ma mère pour me persuader de le recevoir. Refus catégorique de ma part. Tellement qu'il insistait pour me rencontrer, je l'ai reçu avec méfiance, Il riait toujours, Enfin nous sommes longuement entretenus. Il riait toujours. Sa maitresse et sa fille restaient silencieuse devant notre conversation. Elles étaient donc des observatrices. Mon ami riait toujours jusqu'à la fin de notre conversation. C'est la fin de la visitation.

Apres cela, les vibrations reprirent, la chose invisible me transportait commence à mes faire descendre jusqu'à me déposer sur mon lit. Les vibrations cessèrent et je récupérai mes cinq sens, la vue notamment et je regardais l'heure du retour cinq heures juste. ».

Ce qui revient à affirment la visitation avait trois heures soit de deux heures du matin cinq heures du matin.

6. LA LOCALISATION DU TRONE DE DIEU

'' Considérez l'univers comme une démonstration au travail de l'intelligence. Nous savons que la planète sur laquelle nous vivons est une masse lourde, se mouvant au tour du soleil en un ordre bien définir de même, huit autres planètes de dimensions diverses se meuvent autour du soleil en un horaire exact, constituant ainsi notre système solaire. Plus loin, dans l'espace, d'autres corps célestes se meuvent, en réalité, notre système solaire entier tourne lui-même autour d'une autre étoile'' (votre esprit peut vous guérir Frederick W. BAILES, Page 20, DANGLES, 1986,)

Cette autre étoile ne serait autre que la planète PARADIS, le Trône de Dieu (ELOHIM).

La science physique nous enseigne que dans un mouvement rectiligne uniforme, l'espace se calcule de la manière suivante :

ESPACE = VITESSE x TEMPS.

Le premier élément qui intervient c'est la vitesse. Alors nous savons tous que les anges se déplacent à la vitesse de l'éclair (Luc 10 :18) On la science physique nous renseigne sur la vitesse de la lumière :

C : 3000.000.000 mètre par seconde.

Le deuxième élément qui intervient, c'est le temps ceci nous est fourni par le dépositaire de la révélation divine décrite ci-haut.

En effet le gracieux a réalisé un parcours de trois heures soit 180 minutes d'aller-retour, soit 90 minutes d'aller et 90 minutes de retour. Sur ce nous aurons le temps parcours de la terre au paradis.

t = 90 minutes ou 5400 secondes D'où 5.400 secondes

D'où nous dégageons la distance de la terre à la planète paradis.

Espace =   300.000.000 m x 5400s = 1.620.000.000.000 m ; 1.620.000.000 Km

                    s

Etant donné que la terre n'est pas le centre de notre système solaire, il faut avoir comme point de repère le soleil. En effet, la terre est à une distance de 13 millions km du soleil, ainsi en ajoutant celle de la planète terre à la planète paradis, nous localisations facilement le trône de Dieu.

Espace = 93.000.000km + 1.620.000.000Km

= 1.713.000.000 Km

En conclusion, la planète PARADIS se trouverait sur l'orbite d'un rayon de un milliard sept cent treize millions de kilomètres à partir du soleil.

<u>**CHAPITR III**</u>

<u>**LA DOCTRINE DES BAPTEMES**</u>

D'après le grand Larousse, le baptême est le rite d'ablution et de bains sacrés qui exprime la purification et le renouvellement. Il est le sacrement de l'insertion dans le royaume de Dieu, le signe juridique et sacral de l'appartenance de l'Eglise du Christ (Grand Larousse, France 1989, p 300). Dès la naissance de l'Eglise au jour de la pentecôte de l'an 30, le baptême fait l'objet des diverses compréhensions tant sur le plan formel, notamment la dénomination, que sur son contenu, c'est-à-dire son véritable sens.

A. LA DENOMINATION APPROPRIEE.

Ayant reçu l'ordre de Dieu, le Seigneur CHRIST-JESUS a été baptisé par jean (Matthieu 3 : 13-17). Par cet acte il apparut comme un disciple de jean ou l'un de ses sympathisants. Mais bientôt ses propres disciples baptisèrent à leur tour. (Jean 3 :22-26). Après sa résurrection d'entre les morts, il donna l'ordre à ses disciples de baptiser au nom du Père, du Fils et du Saint Esprit (Matthieu 28 :19b) alors que Jean a dit qu'il (Jésus) baptisera de '' l'Esprit Saint et de Feu" (Matthieu 3 :11). De plus, Pierre ordonna de baptiser les fidèles de la pentecôte au nom de Jésus (Actes 2 :38-41). La question qui se pose est celle de savoir la terminologie qui convient. La réponse est donnée par les écrits de Paul qui nous enseigne :" Il y a un seul Seigneur, une seule foi, un seul baptême'". (Ephésien 4 :5). Ce qui revient à affirmer que le baptême au nom de Dieu, le baptême au nom du Père et du Fils et du Saint Esprit et le baptême au nom de Jésus est une même chose. L'appellation dépend de la révélation que le mandataire reçoit particulièrement du TRES-HAUT. Pour notre part préférons la formule ''pour le nom du père et du fils et du saint esprit" afin de rester fidèle au maitre Christ Jésus sans restriction.

Quant à la véritable signification, il y a une vraie controverse depuis les temps de l'Eglise primitives. Les gens racontent une chose, les autres une autre chose. C'est l'analyse faite par Michael Green qui s'exprime ainsi ''Du temps des apôtres, le Baptême était la marque de l'intégration au corps de christ, ''Nous avons tous été baptisés dans un seul Esprit pour former un seul corps". Il était le signe de la purification des souillures passées et la sceau de la justification – vous avez été lavés, vous avez été sanctifié, vous avez été justifié au nom du Seigneur Jésus".

C'était le bain de la nouvelle naissance, ou l'eau de régénération. Il était la marque de la nouvelle alliance attendue par les prophètes, et sous laquelle la loi de Dieu allait être gravée dans le cœur des croyants. Il était une initiation à la vie de l'esprit, reçu comme prémices des bénédictions eschatologique et gage de l'ultime rédemption. Il signifiait une union si étroite avec Christ que le croyant était resté participant à sa mort et à sa résurrection. Ce ne sont là que quelques aspects de la manière néo-testamentaire de comprendre le baptême. Ce qu'il importe de noter que tous font ressortir un rapport étroit entre le baptême et la conversion ;   C'est au travers de ce sacrement que le croyant était incorporé une fois pour toute au Corps du Christ (Michaël Green, Op. cité. p. 182 – 183).

L'argumentation avancée ci-haut ne cadre que en partie avec la réalité spirituelle en ce sens de salut précède le baptême tout comme l'élection israélite vient avant la circoncision. L'Ecriture nous enseigne qu'Abraham était déclaré juste par la foi avant qu'il soit circoncis. Il reçut la circoncision comme signe de l'alliance qu'il a conclue avec le Très Haut (Genèse 15 : 6 ; Romain 4:3, Romain 4 : 9-12). L'histoire nous enseigne que la circoncision n'était pas le propre d'Israël, mais les autres nations la pratiquaient aussi, et pourtant elles n'étaient pas déclarées saintes ou justes. Seulement les descendants biologiques d'Abraham qui bénéficiaient du statut privilégié d'enfant de Dieu. Le signe de la circoncision marquait seulement le sceau de la justice de la foi. La nouvelle Alliance en christ Jésus n'échappe pas à la règle. Le Messie était oint ou saint dès le ventre de sa mère. Il était né saint, Il était grandi saint, il était mort saint, Il était ressuscité saint et il était monté au ciel saint (Mat 1 : 18-20). Le baptême qu'il a reçu de Jean n'avait qu'un aspect figuratif, un caractère superfétatoire. Ce n'est pas ce jour-là qu'il était oint, mais c'était pour accomplir les écritures qui voulaient qu'il soit manifesté à Israël par Jean. Ce dernier a joué le rôle de parrain pour le CHRIST-JESUS. (Jean 1 : 21).

Si les cent vingt de la chambre haute étaient sauvés par le baptême (jean 4 : 1-3), ils ne devraient pas attendre la venue du saint Esprit puisqu'il serait déjà en eux depuis Enon. Mais le salut leur était parvenu quand ils ont été baptisés de l'Esprit Saint à la pentecôte. (Actes 2 :1-47)

Le pardon des péchés amène le salut pour ce faire il faut croire. Car l'écriture déclare « Mais à tous ceux qui l'ont reçu, il leur à donner le droit d'être enfants de Dieu, ceux qui croient à son nom ; lesquels sont nés, non pas de sang, ni de la volonté de la chair, ni de la volonté de l'homme, mais de Dieu. » (Jean 1 :11-13). Et dans un autre endroit, elle dit : « Mais ces choses sont écrites afin que vous croyez que Jésus est le Christ, le Fils de Dieu, et qu'en croyant vous ayez la vie par son nom ». (Jean 20 :31). Et il dit encore :

« Tous les prophètes lui rendent témoignage, que par son nom, quiconque croit en lui reçoit la rémission des péchés ». (Actes 10 :43). En venant au monde, l'homme est pécheur et séparé de Dieu. Condition qu'il a hérité de ses parents. Dépourvu de la gloire de Dieu, il est voué à la perdition. Pour remédier à cette situation, il doit obtenir ou recevoir le pardon des fautes commises. Comment est-ce possible ? Il est prié, en âme et conscience de croire au fils de Dieu, le Christ-Jésus tout en décidant de renoncer à son ancienne vie. En d'autres termes, il doit accepter que CHRIST-JESUS est le fils de Dieu, autrement dit : il doit exprimer la foi au seigneur CHRIST-JESUS. Par cet acte, il est déclaré enfant de Dieu. Et C'est d'une façon automatique qu'il reçoit le pardon de ses péchés. Spirituellement le sang de Jésus le purifie de toute iniquité. Ainsi il est déclaré juste. Après cela, le croyant bénéficie directement le saint Esprit qui est une marque du salut. Car l'Ecriture déclare : « Or vous n'êtes pas dans la chair, mais dans l'esprit de Christ si du moins l'Esprit de Dieu habite en vous ; mais si quelqu'un n'a pas l'Esprit de Christ, celui-là n'est pas de lui : (Romains 8 :9). Et elle dit encore : « En effet, ceux-là sont fils de Dieu qui sont conduits par l'Esprit de Dieu : Vous n'avez pas reçu un esprit qui vous rende esclaves et vous ramène à la peur, mais un Esprit qui fait de vous ses fils adoptifs et par lequel nous crions : ABBA, Père. Cet Esprit lui-même atteste à notre esprit que nous sommes enfants de Dieu. Enfants, et donc héritiers de Dieu, cohéritiers de Christ, puisque, ayant part à ses souffrances, nous aurons part aussi à sa gloire » (Romains8 : 14-16).

La repentance et le pardon des péchés constituent l'essentiel de la prédication de JESUS-CHRIST (Luc 24 :47). La grande question est celle de savoir comment l'obtenir. Le survol des écritures fait ressortir deux modalités : Directement et indirectement. La première survient auprès des personnes qui manifestent une grande foi à l'écoute de la prédication de l'Evangile. En effet, l'évangile est centré sur la personne du Christ verbe fait chair. Cette parole est pleine de puissance ce quand celui qui la prononce est rempli du saint esprit (Actes 1 : 8). Dans l'entretemps quand elle sort, elle a le pouvoir de pardonner les péchés. Car l'Ecriture déclare : « Alors à nouveau, Jésus leur dit : la paix soit avec vous. Comme le père m'a envoyé, à mon tour je vous envoie. Ayant ainsi parlé, il souffla sur eux et leur dit : Recevez l'Esprit Saint ; Ceux à qui vous remettez les péchés, ils leur seront remis. Ceux à qui vous les retiendrez, ils leurs seront retenus ». (Jean 20 : 21-23).

Devant l'annonce de la bonne nouvelle du christ par l'église (serviteur de Dieu) enseignante, la personne dont le cœur est touché décide de changer sa vie et de recevoir le Christ - Jésus dans sa vie. Automatiquement, elle reçoit le pardon des péchés au nom de Jésus et le Saint - Esprit descend sur elle.

Elle devient désormais une nouvelle créature, un enfant de Dieu. Dans cette catégorie nous rangeons le trois milles convertis que de la pentecôte suite au discours de Cephas et la famille élargie de l'officier romain Corneille. Dans les deux cas, il y'a l'expression de foi. Selon que l'Ecriture déclare : « le cœur bouleversé d'entendre ces paroles, ils demandèrent à Pierre et aux autres apôtres : Que ferons-nous, frères ?... Ceux qui accueillirent sa parole reçurent le baptême et il y eut environs trois milles personnes. Ce jour-là qui se joignirent à eux.   (Actes 2 : 37, 41). Et pour d'autre cas, elle dit : « Sur l'heure, je t'ai donc envoyé chercher et tu as été assez aimable pour nous rejoindre. Maintenant nous voici tous devant toi pour écouter tout ce que le seigneur t'a chargé de nous dire... Pierre exposait encore ces évènements quand l'Esprit tomba sur tous ceux qui écoutaient la parole Il changea l'ordre de les baptisant au nom de Jésus-Christ et ils lui demandèrent de rester encore quelques jours. (Actes 10 : 33, 44, 48). Au travers ces deux exemples, nous remarquerons l'expression de la foi au Fils de Dieu. En récompense, ils reçoivent de pardon des péchés suivi du baptême dans l'Esprit Saint à la vitesse de l'éclair. Ils sont donc sauvés selon que la bible déclare : « La conséquence notre foi est le salut de nos âmes ».

III <u>**LA CONFESSION DES PECHES**</u>

Au travers la foule qui écoute la parole de Dieu prêchée avec la puissance du saint esprit, il peut y avoir des gens remplis de doute bien qu'ils comprennent le sens et la portée du message. Ils peuvent se heurter à propos de la véracité du message ou de d'authenticité du prédicateur. De telles personnes ne sont pas capables de bénéficier des privilèges d'en haut à savoir le pardon des péchés et le Saint Esprit. Du fait qu'ils émettent des scepticismes ou des critiques à propos de la grâce, ils barrent le chemin à la vie éternelle. Pour les aider, l'église enseignante, en outre des clés du ciel qu'elle a reçu de Dieu, a ordonné l'institution de la confession des péchés devant le collège des anciens communément appelée la cure d'âme. La procédure est la suivante : le fidèle se présente devant le collège des anciens, il avoue des fautes commises, il décide de les délaisser, il demande à Dieu de lui pardonner au nom de Jésus-Christ et enfin les anciens lui imposent les mains en permettant au Très- Haut, en collaboration avec eux, de verser sa grâce sur lui, et en ce temps, le frère reçoit le pardon des commises suivi du baptême du Saint Esprit à la vitesse de l'éclair. C'est ce que nous appelons la modalité indirecte. Nous voyons cette pratique à Ephèse et à Jérusalem dans les passages où il est écrit : « une foule de fidèles venaient faire à haute voix l'aveu de leurs pratiques, un bon nombre de ceux qui s'étaient adonnés à la magie firent un tas de leurs livres de magie et les brulèrent en public ... ».

(Actes 10 : 18-20) ; « L'un de vous est-il malade ? Qu'il fasse appeler les anciens de l'église et qu'ils prient après avoir fait sur lui une onction d'huile au nom du Seigneur. La prière de la foi sauvera le patient ; le Seigneur le révèlera et, s'il a des péchés à son actif, il lui sera pardonné. Confessez-vous donc vos péchés les uns aux autres et priez-les uns pour les autres, afin d'être guéris. La requête d'un juste agit avec beaucoup de force. (Jacques 5 : 14 - 16). Une chose est certaine : dans le cadre du salut, directement ou indirectement, le pardon des péchés et l'effusion du Saint Esprit sont indissociables. Ce sont les deux faces d'une même pièce de monnaie. Autrement dit : Il n'y a pas pardon des péchés sans effusion du Saint Esprit, tout comme il y a pas d'effusion du Saint Esprit sans pardon des péchés. C'est automatique. Et le tout se passe à la vitesse de l'éclair.

L'une des tâches dévolues à l'église est de veiller au bien des âmes des fidèles. (1 pierre 5 : 1-4).Après les avoir gagnées, elle doit prendre soin d'eux. Premièrement elle doit contribuer à leur croissance spirituelle par l'annonce de l'évangile. Ensuite, elle les aidera à conserver la grâce en évitant de commettre tout péché possible. On la nature humaine est sujette à l'erreur. Bien que sauvée, la personne continue à pécher. Que faire alors du péché commis après la conversion ? La réponse est fournie par la Bible. Elle est envisagée sous deux aspects : directement et indirectement. Le premier concerne les personnes dotées d'une grande foi dont l'Ecriture donne la solution suivante : « Et voici le message que nous avons entendu de lui et que nous vous dévoilons, Dieu est lumière et les ténèbres, il n y a pas trace en lui. Si nous disons : -Nous sommes en communion avec lui, tout en marchant dans les ténèbres, nous mentons et nous ne faisons pas la vérité. Mais si nous marchons dans la lumière comme lui-même est lumière, nous sommes en communion les uns avec les autres, et le sang de jésus, son fils, nous purifie de tout péché. Si nous disons : Nous n'avons pas de péché, nous nous égarons nous même et la vérité n'est pas en nous. Si nous confessions nos péchés, fidèle et juste comme il est, il nous pardonnera nos péchés et nous purifiera de toute iniquité. Si nous disons nous ne sommes pas pécheurs, nous faisons de lui un menteur et sa parole n'est pas en nous. (1 jean 1 :5-10). Dans ce cas, c'est une affaire purement personnelle. C'est l'engagement de la responsabilité du fidèle envers son Dieu et sans intermédiaire. En revanche, la modalité indirecte concerne la personne ayant peu de foi. Elle est toute faible devant telle ou telle éventualité. Naufragée qu'elle est, l'église vole à son secours en établissant une confession perpétuelle, qui a pour but de la purifier afin elle demeure dans la sanctification. Dans ce cas l'institution de la confession des péchés permanente (cure d'âme) est comprise comme un instrument de stabilisation de l'église. C'est pourquoi elle revêt d'un caractère obligatoire qui oblige toute l'assemblée de Dieu.

Selon la pensée de l'apôtre jacques frère du Seigneur, l'institution de la confession des péchés doit étendre ses activités. Cette extension doit se traduire par l'adjonction de tous les problèmes que peuvent rencontrer le fidèle au cours de sa vie en dehors du péché. C'est un cadre habilité à apporter la solution aux différentes questions intéressant le chrétien à savoir vie sociale, mariage, emploi, maladie, conflits, étude, famine, chômage, guerre, envoutement, sorcellerie, maléfices, mort, etc. ...Elle doit être considérée comme une grande clinique qui dispense des soins appropriés et pourquoi pas intensifs.

4. LE BAPTEME AU NOM DU PERE DU FILS ET DU SAINT ESPRIT.

Pour ce qui nous concerne, comme nous l'avons dit, nous reconnaissons le baptême pratiqué au nom du père et du fils et du Saint-Esprit. Pourquoi ? Non seulement parce qu'il s'agit d'un ordre du maitre CHRIST-JESUS, parce qu'il cache une vérité inédite. C'est la réception de la grâce divine dans la plénitude. Cela signifie exactement la réceptivité de la pleine grâce. Les lignes suivantes nous fournissent de plus amples informations. En effet, le but poursuivi par le corps du Christ est le perfectionnement des saints, c'est-à-dire, il doit faire de son mieux pour que les chrétiens atteignent la stature parfaite du CHRIST .L'apôtre Paul dans sa lettre aux éphésiens dit : « et lui a donné les uns comme apôtres, les autres comme prophètes, les autres comme évangélistes ,les autres comme pasteurs et docteurs ;en vue de la perfection des saints, pour l'œuvre du service, pour l'édification du corps du Christ ;jusqu'à ce que nous parvenions tous à l'unité de la foi et de la connaissance du Fils de Dieu, à l' état d'homme fait, à la mesure de la stature de la plénitude du christ. . » (4 :11-13).

Atteindre Christ est l'objectif de tout enfant de Dieu. En d'autres termes, le Christ-Jésus constitue une unité de mesure spirituelle pour tout chrétien né de nouveau.

S'identifiant au temple de Jérusalem chrétien, le Seigneur CHRIST-JESUS est une trinité semblable. De prime à bord, il est verbe fait chair, ensuite, le Saint-Esprit est pleinement en lui. Et enfin le Père est totalement en lui. Par rapport à l'anthropologie chrétienne, le corps de CHRIST-JESUS est l'incarnation de Dieu le Saint-Esprit, le Fils habite son âme et le père demeure dans son esprit. C'est pourquoi, il est parvenu à réaliser des choses bizarres sans précédent. En quittant le monde, il promit à ses disciples qu'il leur enverra le consolateur, le Saint-Esprit, l'esprit de vérité, que le monde ne peut pas recevoir parce qu'il ne le connait pas, pour être éternellement avec eux. Ainsi ils ne seront plus orphelins. Par ailleurs, il dit que celui qui entend sa parole et la met en pratique, il (Jésus) et le père viendront demeurer en lui. En effet l'Ecriture déclare : « Si vous m'aimez, vous appliquerez à observer mes commandements ; moi, je prierai le père : Il vous donnera un autre paraclet qui restera avec vous pour toujours » (Jean 14 :15-16). Et elle poursuit : « Si quelqu'un n'aime, il observera ma parole, et mon père l'aimera ; nous viendrons à lui et nous établirons chez lui notre demeure. »(Jean 14 :23). Les deux textes montrent clairement que les trois personnes divines, à savoir le Saint-Esprit, le Fils et le Père ont le pouvoir de fixer leur demeure dans l'être humain. Pour ce faire, il y a un préalable. Croire que Jésus-Christ est le fils de Dieu. C'est ce que la bible appelle le baptême pour le nom du père et du fils et du Saint-Esprit. Parvenu à ce stade, l'enfant de Dieu devient semblable au Dieu le fils fait chair, CHRIST-JESUS. Désormais il peut faire tout ce qu'il veut et rien ne lui sera impossible car les trois personnes divines coopèrent étroitement avec lui. C'est ce que nous appelons « Plein chrétien ».

Nous définitions « le plein christianisme » comme étant un ensemble de connaissance qui permettent à un être humain de devenir comme CHRIST JESUS mais pas le dépasser parce qu'il est Dieu le fils avant tout. En d'autres termes, c'est l'expression que nous employons pour designer et définir le baptême au nom du père et du fils et du Saint-Esprit. Nous avons vu que l'homme est en petit de ce que Dieu est en grand. C'est la notion de l'image et de la ressemblance. Ainsi l'être humain est une trilogie semblable. Il est entièrement corps, âme et esprit. Par la foi au CHRIST-JESUS, il reçoit le pardon des péchés en son nom, ensuite le Saint-Esprit vient habiter dans son corps, en suite le CHRIST-JESUS (l'esprit de Jésus) vient demeurer dans son âme ; enfin le Père vient se fixer sur son esprit. Une fois atteint ce niveau, le chrétien est inébranlable. Il est prêt à donner sa vie pour sauver les âmes de la perdition. Dans cette catégorie, nous rangeons tous ces martyrs qui périrent par la flamme, par l'épée, par la captivité et par le pillage pour l'avancement de la cause du CHRIST dans le monde. Le livre de la révélation de l'apôtre jean nous fournit une bonne illustration des « plein chrétiens ». En effet l'Ecriture déclare : « Et je vis autre ange monter de l'orient. Il tenait le sceau de Dieu vivant. D'une voix forte, il cria aux quatre anges qui avait reçu le pouvoir de nuire à la terre et à la mer : Gardez-vous de nuire à la terre et à la mer ou aux arbres avant que nous ayons marqué du sceau le front des serviteurs de notre Dieu. Et j'entendis le nombre de ceux qui étaient marqués du sceau : Cent quarante-quatre mille marqués du sceau, de toutes les tribus des fils d'Israël. (7 :2-4). Et elle dit dans un autre endroit : «Et je vis l'agneau était debout sur la montagne de Sion, et avec lui cents quarante-quatre mille qui portent son nom et le nom de son fils écrits sur leur fronts. »(14 :1). Dans ses visions surnaturelles, l'apôtre jean voit une classe spéciale des gens. Ce sont des hommes qui appartiennent à Dieu. Ils reçoivent une marque de propriété qui les distingue des autres. Et cette mention est triple. Tout d'abord le sceau de Dieu vivant, ensuite le nom de l'agneau, et enfin le nom du père. Le tout est opposé sur le front d'un enfant de Dieu. Ce front invisible correspond à l'être intérieur de l'homme. Ce qui revient à affirmer que les disciples du Christ qui le suivent partout où il va portent en eux le saint Esprit, l'esprit de Jésus et l'Esprit du Père. C'est ce que la bible désigne dans les termes « le baptême pour le nom du Père et du fils et du Saint Esprit. Expression que nous désignes sous le vocable de «plein christianisme. »

Revenant sur la notion du temple, le plein christianisme correspond au temple d'Ezéchiel. En effet, le prophète reçoit la grâce de contempler un temple inconstructible à moins de fabriquer par un tour de magie le fleuve d'eau vive tel qu'énumérer dans le récit. Les faits suivants le distinguent des autres temples décrits dans l'Ecriture sainte. De prime abord, le SEIGNEUR habite dans le lieu très-saint. Ensuite le PRINCE demeure dans le lieu saint. Enfin l'eau sort du dessous de la maison devant la façade c à d du parvis extérieur, (Ezéchiel 44 :1-3 ; 47 :1). Ce tableau de trois caractéristiques du temple est une figure du chrétien racheté. Le plein chrétien est une personne humaine confessant que Jésus-Christ est SEIGNEUR et dont le PERE(ABBA), le fils (YEHOSHUA) et le Saint-Esprit (PARACIET) sont pleinement présents respectivement dans l'esprit, dans l'âme et dans le corps. En d'autres termes, le plein chrétien est le disciple qui est baptisé par le nom du Père et du fils et du Saint-Esprit.

A quoi sert maintenant le baptême d'eau au nom de JESUS-CHRIST ? Pour notre part, le salut est un phénomène spirituel. Le rite du baptême par immersion ne sauve pas. Bien que l'apôtre Pierre voie en lui un acte qui sauve, il parle d'un aspect invisible de la cérémonie. D'ailleurs, il poursuit que l'action de plonger dans l'eau et d'y sortir ne permet pas à l'homme de se débarrasser des souillures de chair, mais il est bien entendue d'une demande que l'homme adresse à Dieu en vue d'obtenir une conscience pure par la résurrection de notre Seigneur CHRIST-JESUS. (Pierre 3 :21). Cela n'a qu'un effet psychologique de part du confessant. L'apôtre Paul parle du baptême comme signe de la mort dans le péché et de la résurrection avec le seigneur. (Romain 6 :3-5). Il n'a qu'une valeur symbolique puisqu'il déclare que le juste vit par la foi. Sur ce, nous pouvons conclure que le baptême d'eau au nom de JESUS-CHRIST est un acte juridique solennel qui consacre l'adhésion d'un membre à l'église locale. De même par la foi on devient membre du corps du CHRIST, église invisible, par le baptême on devient membre de l'église locale. Ainsi, le baptême d'eau en tant que rite, n'a nullement un caractère sacré, car il ne confère pas la vie éternelle.

<u>CHAPITRE IV LA DOCTRINE DE L'IMPOSITION DES MAINS</u>

« Cette pratique, déjà présente dans beaucoup de religions (un officiant pose les mains sur la tête d'un fidèle pour obtenir un contact sensible avec lui), apparait dans l'ancien testament pour signifier une prise de possession et, partant, l'agrégation à un corps social (cf. Lévitique 1,4 ; 3,2 ; 4,4, Nom.27,15-23).L'église ancienne semble avoir poursuivi sans problème dans cette voie en s'inspirant d'une part des usages du judaïsme, et en se référant de l'autre aux indications au nouveau testament où l'on distingue quatre types d'impositions des mains :
1) Un geste de Jésus accompagnant plusieurs de ses guérisons (Marc 5,23 et parallèles) ;
2) Une expression de sa bénédiction (Marc 10, 1ss, et parallèles) ;
3) Un acte complétant le baptême (Actes 8,14 ss) ;
4) Un geste de consécration (Actes 6,6 ; 1 Tim. 4,14). » (Claude BRIDEL encyclopédie au prostatisme, page 718).

Compte tenu du caractère mystique que revêt l'imposition des mains, il est très difficile de donner une définition précise à ce concept. Dans la mesure où nous sommes incapables de voir ce qui se passe exactement présent le rituel, ce geste ne se remarque qu'à travers l'effet produit. C'est donc par le résultat observé que nous pouvons apporter une lumière sur ce point doctrinal. Que ce soit dans l'ancien testament où dans le nouveau testament, l'imposition des mains est la communication de la grâce divine à un membre de la communauté. Par un acte de foi, l'officiant pose des mains sur la tête du fidèle, et ce dernier par la foi s'attend au résultat visé et le constate dans sa vie directement et indirectement. Dieu est invisible, la grâce l'est davantage, nous ne pouvons pas déterminer avec précision sa substance. Certains y voient le feu, d'autres de l'huile, d'autres de l'eau, d'autres d'éclair, d'autres le vent, d'autres les rayons solaires, d'autres la lumière éclatante, d'autres le sang, etc... tout cela échappe à l'entendement humain. Il n'y a seulement Elohim (Yahweh-Yehoshua-Saint-Esprit) c.à.d. les trois personnes divines qui permettent révéler l'identité exacte de la substance de la grâce.

Malgré l'invisibilité de l'objet communicable, il y a la visibilité de l'agent intermédiaire par le moyen de qui la grâce se communique. Il s'agit de l'officiant. Tenant compte du rôle primordial qu'il joue dans la pratique de l'imposition des mains, qu'il nous soit permis d'étudier la qualité de la personne en cause qui représente la présence de Dieu parmi les hommes. Etudier l'officiant revient à étudier les prédicateurs envoyés par Dieu pour accomplir l'ordre suprême de faire de toutes les nations les disciples de Christ. En d'autres termes, c'est l'étude des ministères qui concourent pour l'édification du corps du Christ. En tout cas, ce n'est pas n'importe qui était habilité à faire ce geste. Ce sont plutôt des personnes qualifiées et spirituellement mûres qui exerçaient cette activité. La science biblique traite de ce gens des ministres de Dieu. L'apôtre Paul, l'apôtre Pierre, Jean et Jacques parlent fréquemment des anciens de l'église qui sont compétents en la matière. Mais la notion d'anciens prêtent souvent à confusion, tantôt les apôtres eux même s'identifient tels ; tantôts ils utilisent le concept pour désigner les autres personnes établies sur la tête des églises locales et responsables des âmes des fidèles. Ainsi nous lui préférons le terme ministère.

Le mot ministère implique une notion de service. Il vient de diakona (en grec), ministeruim (en latin) qui se traduit en français par « ministère ». Bien entendu, sous la notion de « ministère » ; il y a des fonctions spirituelles (1 Co. 11 : 28 – 31 ; 14 : 1 – 5 ; 22 – 24 ; Ep. 2, 21 ; 3,5 ; 4,11 ; etc.) Voire administratives (1th 5, 12 – 13 ; Ph 1,1 ; Ro 16,1). Dans le cadre au nouveau testament, le ministère n'est pas un pouvoir absolu de domination, mais un service qualifié en vue de la croissance de l'assemblée, le corps du CHRIST. Dans ses lettres adressées aux fidèles de Rome, de Corinthe et d'Ephese, l'apôtre Paul dresse un tableau général des ministères tout en soulignant l'importance primordiale de certains d'entre eux. En effet l'Ecriture réclame : « Au nom de la grâce qui m'a été donnée, je dis à chacun d'entre vous : n'ayez pas de prétentions au-delà de ce qui est raisonnable, soyez assez raisonnables pour n'être pas prétentieux, chacun selon la mesure de la foi que Dieu lui a donnée en partage. En effet, comme nous avons plusieurs membres ou un seul corps et que ces membres n'ont pas tous la même fonction, ainsi, à plusieurs, nous sommes un seul corps en Christ, étant tout membres les uns des autres, chacun pour sa part. Et nous avons des dons qui diffèrent selon la grâce que nous a été accordée. Est-ce le don de prophétie ? Qu'on exerce un accord avec la foi. L'un a-t-il le don du service ? Qu'il serve. L'autre celui d'enseigner ? Qu'il enseigne. Tel autre celui d'exhortera ? Qu'il exhorte. Que celui qui donne le fasse sans calcul, celui préside, avec zèle, celui qui exerce la miséricorde, avec joie. « (RO. 11 :3-8). Et encore : « Or vous êtes le corps du christ et vous êtes ses membres, chacun pour sa part. Et ceux que Dieu a disposés dans l'église sont, premièrement les apôtres, deuxièmement les prophètes, troisièmement des hommes changés de l'enseignement, vient ensuite le don des miracles, d'assistance, de direction, et le don de parler en langues. Tous interprètent-ils ? » (1 Co 11 : 27-28,30c). Et enfin il dit : « Et les dons qu'il a fait, ce sont des apôtres, des prophètes, des évangélistes, des pasteurs et des catéchètes, afin de mettre les saints en état d'accomplir le ministère pour bâtir le corps du christ, jusqu'à ce que nous parvenions tous ensembles à l'unité dans la foi et dans la connaissance du fils de Dieu, à l'état d'adultes, à la taille du Christ dans sa plénitude. » (Ephésien 4 : 11-13). Au travers les trois textes que nous venons de citer, nous voyons toute une litanie de ministères que nous rangeons en trois catégories. Premièrement les ministères de parole de Dieu, deuxièmement les ministères d'administration et troisièmement les ministères de secours. De tous les trois, celui qui est important est celui de la parole du fait de la place primordiale qu'elle occupe dans le plan divin. Car l'Ecriture déclare que : la parole de Dieu sanctifie le croyant. « Consacre-les par la vérité : ta parole est vérité. » (Jean 17 : 17).La consécration ou la sanctification d'une personne est le fait de la séparer du monde inique pour l'introduire dans le domaine de Dieu. Elle est l'œuvre de Dieu le père. Elle est possible au moyen de la vérité divine qui se manifeste dans la « parole-chair-parole » à laquelle les croyants adhèrent par la foi. Voilà la raison pour laquelle nous préférons les ministères de la parole par rapport aux deux autres qui ne sont que ses corolaires.

Nous osons croire que les ministères de la parole sont au nombre de trois à savoir : L'apostolat et La prophétie et l'enseignement (Apôtre, prophète et docteur). Il ne s'agit ici que de la qualification des serviteurs de Dieu ou tout simplement de leur spécificité. Reste maintenant à préciser la fonction qu'ils jouent dans l'assemblée de Dieu. Nous parlerons alors de deux fonctions qui sont : L'évangélisation et la pastorale (Evangéliste et pasteur).

Rappelons que la tâche d'annoncer l'évangile de Christ Jésus n'est pas une affaire de leur spécificité, plutôt elle concerne tous les fidèles. Tout chrétien né de nouveau a le noble devoir de témoigner Christ à tout le monde pour qu'ils soient sauvés à leur tour. Néanmoins pour qu'il y ait de l'ordre dans l'assemble de Dieu, le seigneur Christ-Jésus a établi les ministres spécialisés pour sa bonne marche. Ce ne sont pas des titres bidons dont on peut s'enorgueillir. Ils prouvent de quoi ils sont capables dans la fonction remplie au sein de l'église. Ils ne sont pas statiques, mais dynamiques. Sans doute leurs charismes parlent en leur faveur. Les trois ministres sont soient itinérants entant qu'évangélistes, soient sédentaires entant que pasteurs ou anciens.

L'accession au ministère est précédée par une étape préparatoire. C'est une période probante justifiait la maturité du futur ministre. C'est le discipolat ou tout simplement la vie du disciple. Un chrétien nouvellement convertit ne peut pas accéder au ministère pour la simple raison qu'il peut faillir à son devoir en donnant facilement accès au diable. (Actes 1 : 20-26 /1 Tim : 3 :6 / Tite 1 : 9). L'exercice du ministère est conditionné par l'expérience. Il s'ensuit de bon témoignage en tant que disciple du Christ. Alors l'on pourrait être sélectionné pour la reconnaissance officielle du ministère au sein de l'assemblée de Dieu. Plutôt que de retracer et d'étudier minutieusement les trois ministères et ses deux fonctions ; il serait mieux d'exposer leur objectif et pourquoi pas leur raison d'être.

1. <u>**Fabrication des enfants de Dieu**</u>

En effet, l'Ecriture déclare que Dieu a donné à l'assemblée des ministres pour le perfectionnement des saints en vue de l'œuvre du ministère et de l'édification du corps du Christ. (Ephésien 4 : 11-12). Cette conception est appuyée par une autorité qui dit expressément « Les apôtres, Prophètes, … sont donnés pour former les fidèles (A), de sorte que s'accomplisse l'œuvre du ministère (B), de sorte que s'édifie le corps du Christ (C). Chaque finalité développe la précédente » (Michel Boutien, l'apôtre de Saint Paul aux éphésiens, Labor et Fides, IX éd, 1991, pg.189). L'énumération des trois finalités est bonne. Mais, pour le besoin de la cause, nous y ajouterons trois autres pour faire un total de six. Les ministères et fonctions sont aussi établis dans le corps du Christ pour parvenir à l'unité de la foi et de la connaissance du fils de Dieu (D) ; et pour atteindre l'état d'homme fait entendu par là la mesure de la stature parfaite de Christ.(E). Et toutes ces six finalités ont un but commun : le salut des âmes. (Eph 4 : 14-16).

2. <u>**Former les disciples**</u>

Le disciple est une personne qui suit un maitre pour en recevoir un enseignement auquel il adhère sans restriction aucune. Dans le cadre de la bonne nouvelle du Christ-Jésus, le vœu de Dieu est que tout croyant devienne un disciple de christ conformément à l'ordre suprême de Mathieu 28 : 19-20. Dans l'assemble de Dieu initiale, ce n'est pas tout le monde qui suivait le christ qui était disciple, plutôt un groupe restreint. Ce terme s'appliquait à ceux qui suivaient fidèlement le maître. Au départ ils étaient au nombre de soixante-dix, après avoir été comblés par la parole agissante (Jean 6 : 32-69), ils sont restés douze auxquels le seigneur a donné le nom d'apôtres. (Luc 6 :12).

Le passage du croyant au disciple n'est pas le fait du hasard. En effet, si l'un voit de prêt le contexte du choix, il y avait un élément caractéristique que faisait au croyant un disciple. C'est la révélation, les disciples sont donc des frères qui bénéficient d'une révélation particulière concernant le seigneur

Christ-Jésus. La promesse faite à Cephas (Mat 16 : 15-19) et le choix de douze confirme notre vision. A la question de savoir pourquoi les douze ne sont pas partis et demeuraient au près du Maitre, Cephas répondit : « A qui irons-nous ? Puisque tu as la parole de la vie éternelle ». (Jean 6 : 68-69). Cette réponse prouve bien que le Christ-Jésus possède et transmettent quelque chose qui nous manque depuis le péché de nos premiers parents à Eden. C'est la vie éternelle, le secret de vie a été communiqué par le Père comment ? Par l'écoute de la parole de Dieu.

La tâche de faire des disciples de toutes les nations est dévolue aux prédicateurs envoyés pour le besoin de la cause. Ceux-ci reçoivent du ciel les directives qu'ils transmettent à la foule par l'annonce de la bonne nouvelle. Ceux qui la croient et la mettent en pratique bénéficient de la révélation qui fait en sorte qu'ils s'attachent résolument à la nouvelle vie qu'ils sont en train d'expérimenter afin que se réalise le plan de Dieu pour leur vie.

3. <u>Créer des ministres</u>

Etre disciple est une bonne chose. Mais ce n'est pas tout. Cette étape marque une transition vers une autre. C'est l'exercice du ministère. La foi chrétienne est une vie au cours de laquelle un fidèle découvre qu'il est appelé pour remplir une mission particulière. Il est soit apôtre, soit prophète ou soit docteur. Il s'agit d'une troisième révélation après celles d'enfant de Dieu et de disciple. Et entant que tels ; il ne ferme pas la bouche, mais il témoignage déjà de Christ-Jésus aux autres pour qu'ils deviennent comme lui, un élève à l'école de Dieu. C'est ce que Mikhaïl Green appelle la prédication informelle réalisée par les prédicateurs non professionnels. D'ailleurs, regardant de près la vie de l'assemblée de Dieu initiale, nous remarquerons que le plus grand travail a été abattu par les ministres non professionnels (Actes 12).

Les ministres ordonnés de l'assemblée de Dieu qui encadrent les disciples doivent constater les symptômes ministériels dans leurs vies chrétiennes. Ces stigmates germent comme des jeunes plantules. Au lieu de les étouffer en arrosant de l'eau chaude, ils ont besoin de l'eau pure et faire de leur mieux à en prendre soin. Ainsi, grâce à l'expérience acquise au fil du temps, ces plantules vont grandir et porter de bons fruits. Un seul fruit enfoui dans une bonne terre qu'on arrose régulièrement finit toujours par croître en devenant un grand arbre produisant beaucoup de fruits. De même, un disciple que les anciens ou les ministres ont bien encadré finit toujours par devenir un ministre à plein temps gagnant beaucoup d'âmes pour le Dieu Très-Haut.

En réalité, un disciple ne peut pas aspirer à l'exercice du ministère sans être au préalable convaincu par le Saint-Esprit. L'accession au ministère au moyen de l'imposition des mains du collège des anciens ne vient qu'entériner une révélation reçue par le nouveau ministre quand il était encore disciple. (1Timothé 3 : 14)

4. <u>Bâtir le corps du Christ</u>

L'expression bâtir le corps du Christ désigne édifier l'assemblée de Dieu. Cela est possible par la croissance démographique qui est comparable à l'élévation des murs d'une construction en y amenant des briques qu'on superpose à l'aide de la bitume.

Quand on devient ministre ordonné, apôtre-prophète-docteur, c'est pour contribuer à l'avancement de la cause de l'évangile dans le monde (Marc 16 : 15). Autrement dit, l'exercice du ministère se fait à l'intérieur de l'assemblée de Dieu. Un ministre est avant tout serviteur de Christ-Jésus dans l'église, ouvriers avec Dieu pour le salut des âmes. L'exhortation de l'apôtre Pierre est claire et nette : « En tant qu'administrateur de la grâce de Dieu, que chacun mette au service de l'église, le don qu'il a reçu de Dieu. » (1Pierre 4 : 10-11). De même le Saint-Esprit par la plume de l'apôtre Paul agit dans le même sens : « Or, à chacun la manifestation de l'Esprit est donné pour l'utilité commune … Et Dieu a établi dans l'Eglise premièrement des apôtres, secondement des prophètes, troisièmement des docteurs, ensuite ceux qui ont le … ». Suivant cette logique, devenir ministre n'est pas synonyme de bâtir la maison de Dieu à proprement parler, plutôt de cela signifie participer à la construction de l'édifice en tant que maçon. En d'autres termes, gagner des âmes pour Dieu.

Dans l'assemblée de Dieu initiale, il n'y avait pas de ministre indépendant. Tout se passait à l'intérieur de l'église. En revanche, de nos jours, n'assistons-nous pas à la prolifération des ministères en solo de source obscure qui se transforment par après en des églises dites indépendantes. Il s'agit là, selon FUTI LUEMBA René, d'une scission dangereuse. La création d'une nouvelle église-ministère n'est pas admissible, sauf cas extrême ou nous pouvons parler de la multiplication enrichissante.

5. <u>Parvenir à l'unité de la foi de la connaissance du Fils de Dieu</u>

Une fois édifiée, l'assemblée de Dieu ou, selon l'expression de Karl Barth, l'église enseignante, elle se doit pour mission d'aider les fidèles à parvenir à l'unité de la foi. C'est par celle-ci que les hommes sont sauvés. L'adhésion à la foi chrétienne apporte automatiquement la vie éternelle ou le salut. L'unité de la foi exclut toute idée de dualité. C'est en ces termes que Luther conçoit la doctrine de SOLA FIDES, C'est-à-dire qu'il y a une seule foi.

La caractéristique principale de la foi est christocentrique. Autrement dit le Christ-Jésus est au centre de la bonne nouvelle du royaume de Dieu. Le fils de Dieu est la voie obligée, l'évidence même. Toute bonne nouvelle en dehors du Dieu le Fils est à rejeter. Le Saint-Esprit par la plume de Paul traite d'anathème tout message s'écartant la principale cible, à savoir, le Christ-Jésus.

De nos jours, il est malheureux de constater l'hérésie flagrante au sein de la chrétienté, les spectateurs spontanés sont manifestes et troublent parfois la vie de l'assemblée de Dieu. Certains avancent que le Christ-Jésus n'est pas Dieu. Les autres affirment que Jésus n'est qu'un simple homme ou simplement un prophète. Les autres annoncent qu'il est le Dieu des juifs uniquement. Les autres pensent que chaque race a son propre Dieu dirigé par un Dieu Tout Puissant qui a son trône sur le soleil ardent. Aussi, range-il Christ-Jésus dans la catégorie de Dieu de la race blanche. Certains annoncent que Jésus est un simple individu qui a pratiqué le mysticisme, et après la transcendance, il a atteint le rang de Dieu. C'est pourquoi tout le monde peut devenir comme JESUS. Et l'on se permet de le classer parmi les autres tels que le mystique Saint Germain, l'un de neufs dieux de l'univers. Les plus dangereux le prend pour un menteur qui abusa le peuple juif.

Devant le danger qui guette l'assemblée de Dieu, cela doit s'efforcer d'enseigner le peuple de Dieu avec la pure doctrine pour qu'il parvienne à l'unité de la foi et de la connaissance du Fils de Dieu. Le résumé de la doctrine parfaite est ainsi libellé : « Père, l'heure est venu. Manifeste la gloire de ton Fils, afin que le Fils manifeste aussi ta gloire. Tu lui a donné le pouvoir sur tous les êtres humains, pour qu'il donne la vie éternelle à ceux que tu lui a confiés. La vie éternelle consiste à te connaitre, toi le seul véritable Dieu, et à connaitre Jésus-Christ, que tu as envoyé. » (Jean 17 : 1-3). C'est notre axiome.

6. <u>Atteindre la taille du Christ dans sa plénitude</u>

Le Christ-Jésus est l'idéal pour tout enfant de Dieu. Pour y parvenir il faut entendre la parole de Dieu et la mettre en pratique. Ainsi le chrétien doit refléter Christ en tout temps et en tout lieu. D'ailleurs le mot chrétien fut un surnom de la part des profanes pour désigner une personne qui vit comme le Christ-Jésus. Dans l'assemblée de Dieu initiale les fidèles faisaient de leur mieux pour se comporter comme le maître. Cela de la piété au comportement dans le corps du Christ comme dans la société ambiante. Dans son adresse aux fidèles de Corinthe, l'apôtre Paul dit : « Soyez mes imitateurs, comme moi je suis du Christ ».

La foi chrétienne est une vie. De même qu'une personne nait, grandit et devient vieux, notre esprit aussi soit la même logique. Elle nait, croit et vieillit. L'apôtre Jean ainsi que les autres apôtres ont remarqué les différentes phases de la croissance de l'être spirituel. Car l'Ecriture déclare : « Je vous écris, mes enfants, parce que vos péchés sont pardonnés grâce au nom de Jésus-Christ. Je vous écrits, Père, parce que vous connaissez celui qui a existé dès le commencement. Je vous écrits, jeunes gens, parce que vous avez vaincu le Mauvais. » (1Jean 2 :12-13). Et elle dit encore : « Comme des enfants nouveau nés, désirez le lait spirituel et pur, afin qu'on le buvant vous grandissiez et parveniez au salut. » (1Pierre 2 :2). Dans ces deux passages, nous dégageons la ligne de vie de l'être spirituel suivant : nouveau-né, enfant, jeune gens, père. C'est cette dernière étape que nous appelons la taille de Christ dans sa plénitude. Une telle personne a atteint la perfection. Elle est sainte dans toute sa vie tout comme le Christ qu'elle sert est saint. (1 Pierre1 : 15-16)(Lévitique 19 :22).

7. <u>**Assurer la connaissance de l'assemblée de Dieu**</u>

Quand les membres de l'assemblée parviennent à la stature parfaite du Christ, elle (église) grandit et se développe par l'amour. Celui-là consiste à garder les commandements de Dieu (2Jean 6). Et parmi ces commandements, il y a celui que nous appelons l'ordre suprême qui consiste à conquérir le monde entier à la foi chrétienne. (Mat 28 : 19-20). Sous cette optique, la mission chrétienne ne fait pas du sur place, mais elle évolue. L'assemblée de Dieu a un caractère universel. Elle est obligée d'atteindre toutes les extrémités de la terre (Actes 1 :8).

Partant d'un point quelconque du globe, l'évangile du Christ est une lumière qui parvient presqu'aux coins reculés de la terre du fait qu'elle concerne tous les peuples sans exception aucune. C'est pourquoi une assemblée est dite du Christ-Jésus qui n'opère qu'à travers un quartier, une tribu, une nation, une race, est moribonde. Et elle est obligée de fermer ses portes au lieu de détruire les âmes des fidèles. Les leaders de ces assemblées locales pratiquent l'extorsion dans une large mesure. Pour y parvenir ; ils manipulent les consciences des croyants. Ce sont des loups ravisseurs revêtus de peau d'agneau. Ils se liguent dans des plates-formes vides de connotation chrétienne. Véritable caverne de voleurs. Et ce sont eux qui, dans la plupart des cas, détournent la parole de Dieu parce qu'ils sont dépourvus de la révélation émanant directement du Père. Ils sèment une grande confusion dans le chef des nouveaux adhérents et ferment la porte à ceux du dehors par leur comportement.

Pour aider l'assemblée de Dieu à bien jouer son rôle, les ministres doivent atteindre la stature parfaite du Christ qui faira d'eux des véritables missionnaires internationaux. Car l'Ecriture déclare : « Alors nous ne serons plus des enfants, emportés par des vagues ou le tourbillon de toutes sortes de doctrines, trompés par des hommes courant à la ruse pour entrainer les autres dans l'erreur. Au contraire en proclamant la vérité avec amour, nous grandissons en tout vers le Christ, qui est la tête. C'est grâce à lui que le corps forme un tout solide, bien uni par toutes les articulations dont il est pourvu. Ainsi, lorsque chaque partie fonctionne comme elle doit, le corps entier grandit et se développe par l'amour. » (Ephésiens 4 : 14-16). Et nous soulignons « lorsque chaque partie fonctionne comme elle doit » pour signifier que le développement de la mission de Christ-Jésus est la conséquence directe de la compréhension et de l'exercice de chaque ministère (Apôtre-Prophète-Docteur) au sein de l'assemblée de Dieu.

CHAPITRE 5 LA RESURRECTION DES MORTS.

Le mot –résurrection- vient du latin –resurgere- qui signifie se relever. Elle désigne le retour de la mort à la vie.

La religion d'Abraham n'est pas la seule à vulgariser le dogme de la résurrection des morts. Depuis l'ancienne antiquité, les religions populaires ont aussi annoncées les mythes des résurrections distinctes de la vision chrétienne. Par exemple, certains croyaient qu'après la mort d'un individu, celui-ci revenait sous une autre race. Les autres pensaient les individus ressuscitent sous une autre apparence en changeant de règne, un animal ou un végétal.

La résurrection des morts dont il est question dans ce chapitre est d'un ordre différent, sans précédent,   dans la mesure où elle occupe le centre de la prédication chrétienne. La haute compréhension de Paul en la matière le poussait à poser le postulat de la foi chrétienne en ces termes ; »Si JESUS-CHRIST n'est pas ressuscite des morts, notre prédication est vaine, votre foi est vaine aussi. (.1co 15 ; 14-17.Nier la résurrection   de   CHRIST-JESUS équivaut à l'ébranlement de la religion chrétienne. Pour nous aider à saisir la notion de la résurrection des morts, nous verrons alternativement la résurrection de CHRIST-JESUS, la résurrection physique, la résurrection spirituelle, la première résurrection et la dernière résurrection.

I. LA RESURRECTION DE CHRIST JESUS.

Le seigneur CHRIST-JESUS avait annoncé qu'il ressusciterait trois jours après sa mort. (Marc 8 ; 31).Le nouveau testament rapporte que le troisième jour après son enterrement, le sépulcre ou il a été mis a été trouvé vide. Et pour la confirmation de sa seigneurie, il a apparu plusieurs fois à plusieurs personnes, et plus précisément à ses témoins.(1co 15 ;1-8). D'ailleurs, l'Ecriture rapporte dix apparitions de_JESUS apportant chacune un message particulier, qui une fois versée dans une moule, nous donne le tout de la prédication chrétienne du royaume de Dieu.

Chose curieuse, non seulement que le seigneur est ressuscité des morts, il affirme également qu'il est la résurrection.(Jean11 ;25). La question posée est celle de savoir comment une personne peut-elle être la résurrection. Nous répondrons ; Le CHRIST-JESUS étant Dieu le Fils unique, ressuscité par le TRES-HAUT, a été investi dans les cieux ou il fut intronisé à la droite de la majesté divine. De ce corps glorieux, il reçut le pouvoir de ressusciter toute personne qui croit en lui, à savoir ; sa mort sacrifielle et sa résurrection corporelle. En d'autres termes, il reçut du Père le pouvoir de vivifier quiconque qui croit en lui.

Chose curieuse de plus. Quid de la mort de Christ –Jésus et de sa résurrection a-t-elle vaincu Lucifer qui avait le pouvoir sur la mort ? Autrement dit, quelle différence y'a-t-il entre la mort de Jésus-Christ et sa résurrection ? Nous répondrons ; De même sur deux points passe une droite et une seule, d'après l'axiome d'Euclide, la mort et la résurrection de Christ-Jésus sont deux faces d'une même réalité, deux faces d'une pièce de monnaie, deux phases distinctes dans la défaites de Satan et dans le salut du genre humain. Tan disque la mort du Christ-Jésus exprime la capitulation sans condition du diable, sa résurrection d'entre les morts signifie son arrestation. Il suffit pour cela de contempler une scène de la guerre. La partie vaincue finit toujours par céder et son principal chef est arrêté puis jeter en prison pour subir la rigueur de la loi du vainqueur. Ainsi Lucifer est en train d'être puni de servitude pénale principale, et plus exactement la réclusion criminelle à temps depuis la pâque de l'an 30 de notre ère. En effet l'Ecriture déclare ; « Je vis un ange puissant descendant du ciel tenant à sa main une grande chaine et une grande clef. Il prit le diable et le lia avec la chaine. Il ouvrit la porte de l'abime et il jeta le diable dans l'abime pour mille ans. Et il ferma la porte avec la clef. »(Apoc3 :1-3a).

En comparant le récit de la révélation de Jean avec notre épisode de guerre, nous pouvons conclure que la chaine représente la mort de Christ Jésus et la clef symbolise sa résurrection. Il s'agit donc de deux armes redoutables utilisées par Elohim pour prendre à l'assaut toute la forteresse de Lucifer.

Il est vrai que le seigneur Jésus est ressuscité des morts selon l'Ecriture. Il a apparu à plusieurs de ses disciples y compris Paul le dévastateur de sa voie. (1   cor15 :10).   La conséquence de cette rencontre a été la transformation des disciples en ce sens qu'ils ont reçu un nouveau souffle du fait qu'ils ont vu le Seigneur face à face. Ils se sont montrés prêts à souffrir pour sa cause. La résurrection est donc devenue le centre de leur foi, de leur vie, de leur témoignage et de leur culte. Non seulement qu'ils ont cru que Christ-Jésus est ressuscité, mais ils en sont désormais témoins oculaires du fait qu'ils ont mangés et but avec lui après sa sortie du sépulcre. Ils commencèrent donc à expérimenter une nouvelle vie dans le Christ-Jésus.

Ce qui vaut pour les apôtres de l'assemblée de Dieu initiale, l'est également pour l'assemblée de Dieu finale. Pour ce nous concerne, quand la miséricorde divine a tourné sa face sur nous au moyen de visions de songes et d'extases en 1990, nous avons accepté par la foi la voie de Dieu. Et quand nous nous sommes lancés dans cette entreprise, le seigneur Christ-Jésus nous est apparu à deux reprises. Primo, le 28 décembre 1992 pour nous dire que nous lui appartenons ; secundo, le 09 avril 1997 pour nous donner l'ordre express d'annoncer la bonne nouvelle de sa résurrection d'entre les morts à toute la création. Cette expérience constitua pour nous un stimulant dans la vie chrétienne. Dès lors nous sommes épris de l'évangile de Christ-Jésus notre seigneur et sauveur. Car nous prêchons le seigneur Jésus ressuscité et vivant éternellement ! Amen.

2. LA RESURRECTION PHYSIQUE.

En venant au monde, l'être humain vit. Cette vie à un début et une fin. Cette dernière est connue sous le vocable de la mort. Elle a été introduite depuis le jardin d'Eden à cause de la désobéissance de nos premiers parents. Elle désigne donc la cessation de la vie. Mais en réalité, qu'est-ce qui se passe ?

En principe l'entre humain possède une triple dimension, ou simplement il est composé de trois parties, à savoir ; l'esprit, l'âme et le corps. A la fin de sa vie, le corps retourne dans la poussière d'où il a été tiré, l'âme et l'esprit vont au Dieu créateur. Pour que le corps puisse reprendre vie ou pour qu'il ressuscite, il faut que la substance immatérielle composée de l'âme et de l'esprit puisse quitter entre les mains du Très-Haut et vienne entrer dans le corps et qu'elle anime ce dernier. Est-ce possible ? La réponse est oui. A condition que l'agent intermédiaire soit branché avec le trône de la vie et que la volonté du Très-Haut soit faite.

L'ancien testament relate quelques cas des personnes revenues à la vie. A titre d'exemple, la résurrection du fils de la veuve de la veuve de Sarepta qui a hébergé le prophète Elie. La chose fut rendue possible parce qu'il y'avait sur le lieu un représentant de Dieu, comme l'affirme l'Ecriture ;-Puis il invoqua Yahvé et dit ; Yahvé mon Dieu, veut donc aussi du mal à cette veuve qui m'a hébergé, pour que tu fasses mourir son fils ?- Il s'étendit trois fois sur l'enfant et il invoqua Yahvé ;-Yahvé mon Dieu, je t'en prie, fais revenir en lui l'âme de cet enfant. Yahvé exauça l'appel d'Elie, l'âme de cet enfant revint en lui et il reprit vie ».(1Rois 17 :20-22). A la suite de cela, il semble bien que la fille a repris sa première vie. Mais elle a fini par mourir à la fin de sa vie.

Depuis l'arrivée de Christ-Jésus sur la terre, tout passe par lui. Lors de son ministère terrestre, il a rappelé à la vie trois personnes à savoir, la fille de Jairus, le fils de la veuve de Nain et Lazare son ami personnel. C'est dans ce dernier cas qu'il a déployé sa puissance de façon spectaculaire. Car l'Ecriture déclare : « -Jésus lui dit ;-Je suis la résurrection. Qui croit en moi, même s'il meurt, vivra ; et quiconque vit et croit en moi ne mourra jamais. Le crois – tu ? » (-Jean 11 ; 25-26). Le Fils de Dieu a réalisé ce prodige parce qu'il possède les pleins pouvoirs de la divinité. Il est Dieu le Fils fait homme. Dès sa victoire sur Lucifer qui avait le pouvoir sur la mort, il a récupéré ce qui lui a été usurpé. Désormais, le seigneur Jésus est souverainement élevé .En effet, l'Ecriture déclare : « Ne crains pas, je suis le premier et le dernier, le vivant ; je fus mort, et me voici vivant pour les siècles des siècles, détenant la clef de la Mort et de l'Hadès. ».(Apoc 1 :17-18).

Après son élévation à la droite de la majesté divine dans les cieux, il délègue le Saint-Esprit, la troisième personne divine pour le suppléer. Il demeure avec les mandataires du Christ-Jésus auxquels il a donné le nom d'apôtre qui signifie envoyés. Ils sont dotés du même pouvoir et ils sont capables de faire de grands signes et des prodiges pour ces gens, la résurrection des morts est un petit jeu car le maître Christ-Jésus qui les a délégués détient désormais le pouvoir sur la mort et le séjour des morts. Il a le plein contrôle des esprits et des âmes des êtres humains. Le nouveau testament souligne des résurrections opérées par les apôtres Paul et Pierre. (Actes 9 : 36 – 42, 20 : 7 – 12). La chose fut rendu possible parce qu'ils étaient directement branchés avec le maître Christ-Jésus, le prince de la vie. Dans n'importe quelle situation, ils invoquent le nom de Christ-Jésus, et il s'ensuit l'exaucement sans conditions.

De nos jours, existe-t-il réellement des apôtres ou simplement des prédicateurs authentiques, c'est-à-dire délégués par le Seigneur Christ-Jésus ? Si oui ! Pourquoi n'arrivent-ils pas à accomplir de grandes choses ? Autrement dit, pourquoi les signes et les prodiges n'accompagnent-ils pas leur message ? Nous devons voir la chose au sérieux. Ou ils sont branchés à la source, ou ils ne le sont pas. Ou ils sont recommandés, ou ils se sont autoproclamés prédicateurs. Nous appelons donc ce genre de prédicateurs au recyclage en vue de revoir ce qu'il du vrai dans leur vocation. Au cas contraire nous les invitons à démissionner.

3. LA RESURRECTION SPIRITUELLE

Une autre forme de la résurrection dont on parle moins est la résurrection spirituelle qui a eu lieu lors de la mort du Christ-Jésus. En effet l'Ecriture déclare : « Or Jésus, poussant de nouveau un grand cri, rendit l'esprit. Et voilà que le voile du sanctuaire se déchira en deux, du haut en bas ; la terre trembla, les rochers se fendirent. Les tombeaux s'ouvrirent et de nombreux corps de saints trépassés ressuscitèrent : ils sortirent des tombeaux après sa résurrection, entrèrent dans la ville sainte et se firent voir à bien des gens ». (Mathieu 27 : 50 – 53).

Une chose est certaine, Lucifer a pris le contrôle de la mort et au séjour des morts après la transgression de l'alliance du Très-Haut par Adam. C'est bien lui qui en détenait les clefs. Les événements de Golgotha relatifs à la mort du Christ-Jésus marquaient un tournant dans la rédemption de l'humanité. Soulignons pour mémoire le comportement du Roi Saül. Ce dernier rejeté par le Très-Haut, jugeait bon d'aller consulter un instrument de Satan, notamment la sorcière d'En-gued'or pour obtenir la solution à son problème. Le texte sacré démontre que la magicienne a réussi à faire apparaitre l'âme de Samuel selon la demande du roi. Et qu'enfin l'âme du vieux prophète a annoncé la volonté de Dieu à Saül. (1 Samuel 28 : 1 – 9). En réalité une simple sincère douée à la nécromancie ne peut en aucun cas réaliser un telle prouesse, c'est-à-dire elle ne peut en aucun moment entrer en contact avec l'âme d'un oint de Dieu se reposant dans les lieux supérieurs tels que le Hadès. Mais s'il le a pu le faire, c'est parce qu'elle a directement touché son maître crucifier que gardait le séjour des morts. Et c'est lui qui a permis à l'âme de Samuel de sortir pour répondre aux préoccupations de Saül. Après cela, le vieux prophétique est rentré dans le séjour des morts pour continuer son repos en entendant le grand jour de la résurrection à la fin des jours. Fermons la parenthèse et revenons à la rédemption opérée grâce à la mort du

Christ-Jésus. A la suite, le Christ a envahi la forteresse de Lucifer, il a libéré tous les oints de l'ancienne alliance notamment Abraham, Isaac, Jacob, etc. qui étaient retenus dans le séjour des morts. C'est pourquoi, ils sont attendus la résurrection du Christ Seigneur pour se manifester au monde pour prouver réellement que le maître du ciel et de la terre a vraiment libéré les siens. C'est en conformité de l'Ecriture qui déclare : « Le Christ lui-même est mort une fois pour les péchés, juste pour des injustes, afin de nous amener à Dieu. Mis à mort selon la chair, il a été vivifié selon l'esprit. C'est en lui qu'il s'en alla même prêcher aux esprits en prison, à ceux qui jadis avait refusé de croire lorsque se prolongeait la patience de Dieu, aux jours ou Noé construisait l'Arche, dans laquelle un petit nombre, en tout huit personnes furent sauvés à travers l'eau. » (1 Pierre 3 : 18 – 20). Et elle dit encore : « C'est pourquoi les morts aussi ont été évangélisés, parce qu'ils sont morts dans la chair, ils vivent en esprit selon Dieu. » (1 Pierre : 4 : 5 – 6). Et l'apôtre Paul poussé par le Saint-Esprit poursuit : « Il est monté, qu'est-ce à dire, sinon qu'il est aussi descendu dans les régions inférieurs de la terre ? Et celui qui est descendu, c'est le même qui est aussi monté au-dessus de tous les cieux afin de remplir toutes choses. C'est pourquoi l'on dit : montant dans les hauteurs il a amené des captifs, il a donné des dons aux hommes. » (Ephésiens 4 : 8 – 10). Les trois textes bibliques qui nous venons de voir prouvent réellement que le Christ-Jésus a vaincu le diable par sa mort sur la croix. Son sang précieux a rendu Lucifer impuissant. Pendant les trois jours qu'il a effectués en enfer, il a libéré les âmes des oints qui ont servi le Très- Haut conformément à l'ancienne alliance. Ces êtres ont revêtus les corps glorieux capables d'apparaitre, de disparaitre et de réapparaitre : capables de traverser une surface opaque comme un mur d'une maison, bref des supermans. Et que lors de son ascension, il a amené au ciel ces saints parvenus à la perfection. Mais il importe toutes fois de signaler que les saints ne résident pas au paradis, ils sont gardés dans un lieu sûr, une sorte de salle d'attente, une prélude paradisiaque, que la bible appelle le « Sein d'Abraham ».

4. LA PREMIERE RESURRECTION

« Puis je vis des trônes sur lesquels ils s'assirent, et on leur remis le jugement ; et aussi les âmes de ceux qui furent décapités pour le témoignage de Jésus et la parole de Dieu, et tous ceux qui refusèrent d'adorer la bête et son image, de se faire marquer sur le front ou sur la main ; ils reprirent vie et régnèrent avec le Christ milles années. C'est la première résurrection, heureux et saint celui qui participe à la première résurrection : la seconde mort n'a pas pouvoir sur eux, mais ils seront prêtres de Dieu et du Christ avec qui ils régneront mille années » (Apocalypse 20 : 4 – 6).

Ce fragment de l'Ecriture sainte nous parle de la résurrection d'une façon symbolique. Il est question de celle des esprits et âmes des justes. Les trônes désignent la fonction apostolique (   ) et le jugement exprime la prédication de la bonne nouvelle de Christ-Jésus. De ce fait, les apôtres reçoivent du Seigneur l'autorité de témoigner de lui auprès des morts qui sont tous les peuples de la terre, ceux qui entendent ce message et suivent le Fils de Dieu reviennent à la vie. C'est le sens que le Saint-Esprit donne à celle première résurrection. Ces croyants renoncent à Lucifer et à toutes ses œuvres ténébreuses et sont prêt à payer de leur vie pour l'avancement de la cause du Seigneur dans le monde. De son séjour terrestre, le Christ-Jésus lui-même a fait état de la première résurrection quand il dit : « En vérité, en vérité, je vous le dis, celui qui écoute et croit à celui qui m'a envoyé à la vie éternelle et ne vient pas en jugement, mais il est passé de la mort à la vie. En vérité, en vérité je vous le dit l'heure vient et c'est maintenant où les morts entendront la voie du Fils de Dieu, et ceux qui l'auront entendue mourront » (Jean 5 : 24 – 25). Selon le Seigneur Christ-Jésus tous les humains descendants d'Adam et Eve sont morts. Il nous parle de la mort spirituelle touchant l'esprit et l'âme, cet aspect immatériel de l'homme ne peut vivre qu'en exerçant la foi au Fils de Dieu. Le passage de la mort spirituelle à la vie spirituelle s'appelle la première résurrection.

Les mille années sont la période de grâce au cours de laquelle ceux qui croient au Fils de Dieu vivant ressuscitent et reçoivent le pouvoir de régner avec le Christ. A ne pas confondre avec le régime temporel ou politique. Il s'agit plutôt du règne spirituel à l'instant du Seigneur Christ Jésus qui règne désormais sur Lucifer et ses acolytes, il délègue ce pouvoir à ceux qui ont cru en lui. Les esprits méchants sont d'office soumis aux enfants de Dieu parce qu'ils prennent part à la première résurrection. L'expérience nous enseigne qu'au cours de leur vie chrétienne terrestre, les chrétiens pratiquent l'exorcisme en invoquant le nom du Seigneur Christ-Jésus et délivrent ainsi de nombreux êtres humains de la captivité luciférienne.

Le récit apocalyptique ajoute qu'en plus de la royauté, ils sont prêtres de Dieu et du Christ. La notion de prêtrise nous renvoi à l'ancienne alliance où nous voyons le sacrificateur accomplir les trois devoirs essentiels à savoir : offrir des sacrifices pour Dieu, enseigner la loi au peuple et consulter Dieu pour le peuple. De même le chrétien ressuscité d'esprit et d'âme a pour fonctions essentielles : Adresser des prières à Dieu, annoncer la bonne nouvelle du Christ-Jésus pour sauver ses semblables et enfin prophétiser pour le peuple de Dieu.

La première résurrection se nomme aussi la nouvelle naissance ou la vie éternelle. C'est ce que l'apôtre Paul a affirmé avec assurance : « Nous savons en effet que Christ, depuis qu'il a été ramené de la mort à la vie, ne doit plus mourir. La mort n'a plus de pouvoir sur lui. En mourant, il est mort au péché une fois pour toutes ; mais dans la vie qui est maintenant la sienne, il vit pour Dieu. De même, nous aussi, considérez-vous comme mort au péché et comme vivant pour Dieu dans l'union avec Jésus-Christ..., car le salaire que paie le péché, c'est la mort ; mais le don que Dieu accorde gratuitement, c'est la vie éternelle dans l'union avec Jésus-Christ notre Seigneur ». (Romains 6 : 8 – 11, 23). Et c'est donc la nouvelle créature capable de palper la sphère divine parce qu'elle est racheté moyennant une rançon sacré, le sang précieux de l'agneau immolé sur la montagne au Golgotha à l'an 30 de notre ère. Mais à vrai dire, qu'est-ce qui se passe ? Nous avons précédemment vu que l'être humain est triple en soi, esprit, âme et corps par le fait du péché original, il est mort. C'est-à-dire la personne humaine a subit une transformation à trois dimensions l'esprit est devenu diabolique, l'âme diabolique et le corps diabolique. Il est devenu tout entier satanique. Par sa grande miséricorde, le Très-Haut utilisa sa souveraineté en sauvant l'être humain créée à son image et à sa ressemblance. Il a de ce fait donné à l'homme une ration de survit, le strict minimum à savoir le reste de son esprit. Ce dernier uni esprit l'homme lui donne la chance de vivre avec possibilité du salut. Cette ration de survie s'exprime par le vêtement de peau d'animal que Dieu revêtit l'homme. Sans la moindre doute, il y avait le un symbole du salut par le sacrifice (la mort d'un animal) ; puisque avant de disposer de la peau de la bête, il faut nécessairement tuer l'animal. Par la foi au Christ-Jésus, l'être humain subit une transformation à trois niveaux. De prime abord, le Saint-Esprit vient habiter le corps et le purifie partiellement. Ensuite, le Christ-Jésus vient résider dans l'âme pour le purifier de la mauvaise conscience, et enfin le Très-Haut vint habiter dans son esprit. C'est le baptême au nom du Père et du Fils et du Saint-Esprit dont nous avons longuement parlé dans la section de la doctrine de baptême.

De ce qui précède, il résulte que l'homme croyant en Christ-Jésus possède déjà la vie éternelle. Mais la question qui se pose est celle de savoir pourquoi toute personne, chrétienne ou non chrétienne, continue-t-elle à mourir ? La réponse à cette interrogation ouvrira la voie à notre sous-section suivante.

5. La dernière résurrection

« De même en effet que tous meurent en Adam, ainsi tous revivront dans le Christ. Mais chacun à son rang : comme prémices, le Christ, ensuite ceux qui seront au Christ, lors de son avènement, puis ce sera la fin, lorsqu'il remettra la royauté à Dieu le Père, après avoir détruit toute principauté, domination et puissance. Car il faut qu'il règne jusqu'à ce qu'il ait placé tous ses ennemis sous ses pieds. Le dernier ennemi détruit, c'est la mort ». (1 Corinthiens 15 : 22 – 25).

L'être humain déchu à subit une réelle transformation. Il est décomposé à triple dimensions, esprit, âme et corps. La substance humaine visible est luciférien… C'est-à-dire, l'homme que nous voyons au jour le jour est diabolique. Il est hanté par un esprit mauvais, Lucifer en soi. Cette décomposition est le produit d'une chimie supérieure inaccessible à l'être humain. Elle est produite par la parole du Très-Haut qui dit expressément : « le jour où tu en mangeras, tu mourras certainement ». (Genèse1 :28). Non seulement que l'homme subit l'action de mourir, mais il est aussi la mort elle-même. Donc l'être humain dans toute sa structure voire sa morphologie est Lucifer qui s'exprime par la mort. Donc l'homme n'a aucune raison de se vanter car il est tout entier Satan le diable. La mort ne constitue pas seulement un phénomène, mais elle est « l'homme privé de la gloire de Dieu ». En d'autres termes, l'homme privé de la gloire de Dieu n'est autre que Lucifer.

Par la foi au Fils de Dieu, l'homme n'est que partiellement sauvé. Son domaine immatériel d'abord, ensuite le domaine physique d'une façon partielle, puisque le diable continue en avoir le contrôle. C'est pourquoi nous remarquons que la personne unit au Christ continue aussi à pécher parce que la chair n'est pas totalement libérée. Il s'ensuit donc une lutte incessante entre la chair et l'esprit. Cela permet de comprendre pourquoi l'apôtre Paul a parlé de la manière suivante : « Je découvre donc cette règle : quand je veux faire le bien, je suis seulement capable de faire le mal. Au fond de moi-même, je prends plaisir à la loi de Dieu. Mais je trouve dans mon corps une autre loi qui combat contre celle qu'approuve mon intelligence. Elle me rend prisonnier de la loi du péché qui est dans mon corps. Malheureux que je suis ! Qui me délivrera de ce corps qui m'entraine à la mort ? Dieu soit loué, par Jésus-Christ notre Seigneur ! » (Romains 7 : 21 6 23). Ce passage montre clairement que la partie physique de l'homme est sujette à une terrible épreuve qui met face à face Lucifer et le Saint-Esprit. Tant que l'homme, bien que croyant, continuera à vivre sur cette planète terre, il sera toujours l'objet des tentations diaboliques parce qu'il porte dans son être la marque de l'ennemi. Ces declarations sans équivoques de la bible nous amènent à la conclusion que l'homme ne possède pas un corps immortel : « la chair et le sang ne peuvent pas hériter du royaume de Dieu. (   ). Nulle part il n'est question d'une immortalité corporelle inhérente à l'homme.

Devant pareille éventualité la résurrection se révèle comme l'antidote de la mort. Si la première désigne le Christ-Jésus, la seconde exprime Lucifer. Par l'administration de la connaissance de Satan, l'être humain a subit une transformation tout son être fut décomposé en être satanique. La mort du Christ-Jésus suivit de sa résurrection a détruit la mort c'est-à-dire le diable, tout d'abord sur la croix et ensuite par son retour à la vie. C'est pourquoi, il est souverainement élevé du fait qu'il s'est dépouillé son corps. Il a donc détruit Lucifer par son inhumation. Après sa résurrection, son corps physique a subit une transformation totale. Il a récupéré son état initial de corps glorieux, qui seul à la pouvoir de se tenir vis-à-vis de EL SHADDAI notre père, le Dieu de gloire. Le schéma suivant nous permet de bien comprendre le mécanisme.

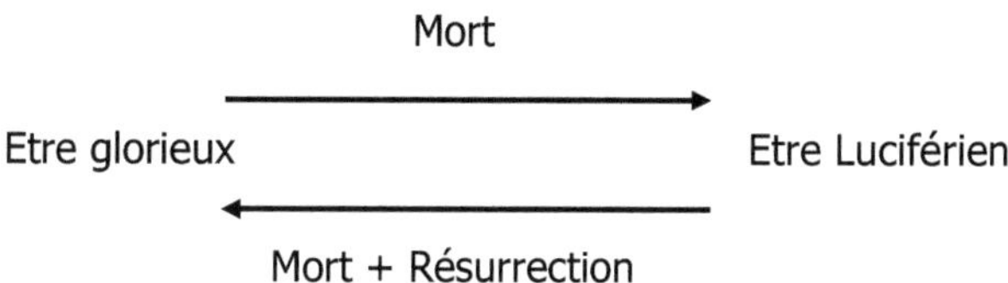

Notre Seigneur Christ-Jésus étant premier de la résurrection physique d'entre le monde, il reviendra pour faire revenir à la vie ceux qui lui appartiennent. C'est-à-dire ceux qui ont cru en lui. C'est le grand jour de Dieu appelé communément jour du Seigneur. Cela apparait clairement dans la vision que le prophète Daniel a vue quand Israël état sous la captivité babylonienne : « Et en ce temps-là, il lèvera Michaël, le grand chef, qui tient pour les fils de ton peuple ; et ce sera un temps de détresse tel, qu'il n'y en a pas eu depuis qu'il existe une nation jusqu'à ce temps-là. Et en ce temps-là ton peuple sera délivré : quiconque sera trouvé écrit dans le livre. Et plusieurs qui dorment dans la poussière de la terre se réveilleront, les uns pour la vie éternelle, et les autres pour l'opprobre, pour être un objet d'horreur éternel. Et les sages brilleront comme la splendeur de l'étendue, et ceux qui ont enseigné la justice à la multitude comme les étoiles, à toujours et à perpétuité. »

(Daniel 12 : 1 – 3). Dans cette révélation, Michaël, qui en hébreux signifie un ange qui comme Dieu Très-Haut, est un symbole de Christ-Jésus qui revient sur la terre pour exécuter le jugement pour que tout le monde puisse comparaitre devant le tribunal du Dieu de gloire, il faut être revêtu du corps glorieux. Cela n'est possible que par la résurrection d'entre les morts. Au son de la trompette magnifique, tous les morts reviendront à la vie. C'est ce que l'on appelle la dernière résurrection. Cette opération se faira en deux phases. Premièrement, ce sont les justes, c'est-à-dire tous ceux qui sont morts en croyant en Christ-Jésus, qui vont revenir à la vie en se revêtant le corps glorieux chrétien ou divin. Deuxièmement, ce seront les injustes, c'est-à-dire ceux qui ont refusés de croire au Fils de Dieu en niant la parole de Dieu, qui vont ressusciter en portant un corps glorieux luciférien. La question est celle de savoir le pourquoi de cette résurrection. La réponse à cette interrogation est fournie dans le chapitre qui suit. Soulignons que le Christ-Jésus a parlé de dichotomie entre la résurrection des justes et des injustes dans son adresse au peuple : « Car l'heure vient en laquelle tous ceux qui sont dans les sépulcres entendront sa voix ; et ils sortiront, ceux qui auront pratiqué le bien, en résurrection de vie ; et ceux qui auront pratiqué mal, car résurrection de jugement. » (Jean 5 : 18 – 20).

Nous voyons ici le Seigneur Jésus confirmer la vision de prophète Daniel. En effet, il parle de deux types de résurrection. L'une est une résurrection de vie avec un corps glorieux dont il a lui-même bénéficié. Elle concerne aussi ceux qui lui appartiennent c'est-à-dire ses disciples. Mais les choses ne s'arrêtent pas là. Nous avons aussi la promesse qu'il y aura une résurrection des ouvriers d'iniquités qui vont revêtir un corps glorieux satanique et destructible. Dans les deux cas, ces corps glorieux chrétiens et Luci33ériens sont immortels avec une nette différence. Les premiers ne seront en aucun cas l'objet de la seconde mort.

CHAPITRE VI : LE JUGEMENT ETERNEL

L'état est un ensemble d'individu, une communauté humaine, fixé sur un point appelé territoire ; et ayant à sa tête une autorité appelée gouvernement. Cette définition fait ressortir les trois éléments constitutifs de l'état à savoir : la population, le territoire et le gouvernement.

Suivant la théorie classique dont l'origine remonte à Montesquieu (1689 – 1755), les fonctions de l'état sont au nombre de trois :
- Faire la loi, c'est-à-dire fonction législative ;
- Appliquer la loi, c'est-à-dire fonction exécutive ;
- Assurer le respect de la loi, c'est-à-dire fonction juridictionnelle.

1. LE SYSTEME JURIDICTIONNEL CONGOLAIS

La fonction juridictionnelle consiste à assurer le respect de la loi. Le mot « loi » s »entend ici dans le sens large de toute règle de droit. Elle est exercée par des organes portant le nom générique de tribunaux. Ces organes peuvent être classés en deux grandes catégories.

1° les tribunaux dits de droit commun, c'est-à-dire les tribunaux ayant une compétence de principe pour connaître de tous les litiges en matière civile, pénale et administrative ;

2° les tribunaux dits d'exception, c'est-à-dire les tribunaux dont la compétence est limitée aux matières qui leur sont expressément attribuées par la loi. Rentrent dans cette dernière catégorie : la cour constitutionnelle, les tribunaux militaires et les tribunaux du travail.

A la différence des organes investie des fonctions législative et exécutive, les organes juridictionnels n'agissent pas spontanément. Ils doivent être saisis par une personne qualifiée, le ministère public en matière pénale, dans les conditions de forme et de délai fixées par la loi. Par ailleurs, les décisions qu'ils rendront sont toujours d'espèce ; elles ne valent que sur l'affaire sur laquelle ils sont intervenus et, seules, les personnes qui ont été parties à l'instance peuvent les opposer ou se les voir opposer.

Au sommet de la hiérarchie se trouve la cour constitutionnelle. Ses décisions ne sont susceptibles d'aucun recours. Tout acte qu'elle déclare non conforme à la constitution est abrogé de plein droit, sauf s'il s'agit d'une mesure de salut publique.

Malgré ce chapelet de bonnes intentions, nous assistons à un simulacre justice en R.D Congo. Le système juridictionnel congolais est le plus corrompu du monde, en d'autres termes, le Congo Démocratique est synonyme de corruption tant sur la qualité de personnes en cause que sur les décisions rendues. Une justice à double existence qui ne donne raison qu'à ceux qui sont nantis. Les pauvres sont abandonnés à leur triste sort. Les détourneurs des finances publiques roulent carrosse. Les contrevenants croupissent dans des prisons les plus insalubres de la planète. Dans la plupart des cas, la corruption est la règle et l'équité l'exception.

2. <u>LE SYSTEME JURIDICTIONNEL JUIF</u>

Après le survol du système juridictionnel congolais, qu'il nous soit permis d'examiner ce qui se passe en Palestine du temps de Jésus-Christ.

La prêtrise juive était perplexe. Que pouvait-elle faire pour briser l'élan d'enthousiasme que suscitait Christ-Jésus ? Elle était parvenue à le faire subir la peine capitale, mais voilà ses disciples remplissaient Jérusalem de la nouvelle, de sa résurrection. A la question de savoir comment mettre un terme au mouvement. Le grand prêtre et ses pairs convoquèrent « le Sanhédrin », la cour suprême juive. (Actes 5 : 21).

Au premier siècle, en Israël, l'autorité suprême était détenue par le gouverneur romain Ponce Pilate. Quelles relations le Sanhédrin entretenait-il avec lui ? Quels étaient leurs champs d'action respectifs ? De qui se composait le Sanhédrin ? Et comment fonctionnait-il ?

1) <u>LES ORIGINES DU SANHEDRIN.</u>

Le mot grec rendu par « Sanhédrin » signifie littéralement « siéger à ». Il s'agit d'un terme général qui désigne une assemblée ou une réunion. Dans la culture juive ; il renvoyait surtout à un organe à la fois religieux et judiciaire, à un tribunal. Les rédacteurs du Talmud, qui a été compilé au cours des siècles ayant suivi la destruction de Jérusalem en 70 de notre ère, considéraient le Sanhédrin comme une institution très ancienne. Ils se figuraient qu'il avait toujours été constitué de docteurs de la loi qui se réunissaient pour débattre de points de doctrine, et ils soutenaient que son origine remontait à l'époque où Moïse avait rassemblé 70 anciens pour l'aider à diriger Israël (Nombres 11 : 16, 17). Les historiens rejettent cette idée. Selon eux, rien de ce qui ressemble au Sanhédrin du 1èr siècle n'est apparu avant la domination de la Perse sur Israël. En outre, ils estiment que l'académie des Talmudistes ressemble davantage aux assemblées rabbiniques des II è et III è siècles plutôt qu'au Sanhédrin. Quand donc le Sanhédrin a-t-il vu le jour ?

La bible révèle que les exilés qui sont revenus de Babylone en Juda en 537 avant notre ère étaient organisés sur le plan national. Néhémie et Esdras mentionnent des princes, des anciens, des nobles et des chefs adjoints : peut-être était-ce là le noyau d'un futur Sanhédrin.(Esdras 10 : 8 ; Néhémie 5 :7.)

La période qui court d'achèvement des écritures hébraïques à la rédaction de l'évangile de Mathieu fut une période d'instabilité pour les juifs. En 332 avant notre ère, Alexandre le Grand prit le contrôle de la Judée. Après sa mort, la Judée passa sous la tutelle de deux royaumes grecs issus de son empire, d'abord celui des Ptolémée, puis celui des séleucides. On trouve pour la première fois la trace d'un sénat juif dans certains récits rédigés sous la domination séleucide, qui a débuté en 198 avant notre ère. Cette assemblée, bien que dotée vraisemblablement de pouvoirs limités, offrait aux juifs un semblant d'autonomie politique.

En 167 avant notre ère, le roi séleucide Antiochus IV (Epiphane) tenta d'imposer aux juifs la culture grecque. Il profana le temple de Jérusalem en sacrifiant sur son autel un porc en l'honneur de Zeus. Cet acte provoqua une révolte, à l'issue de laquelle les Maccabées se débarrassèrent de la domination séleucide et établirent la dynastie asmonéenne. A cette même époque, les scribes et les Pharisiens – les meneurs des foules qui soutenaient la révolte – devinrent de plus en plus influents dans l'administration de l'Etat, au détriment de la prêtrise.

Le Sanhédrin tel qu'il est dépeint dans les écritures grecques prenait ainsi forme. Il allait devenir un conseil administratif national et l'autorité judiciaire suprême en matière d'interprétation de la loi juive.

2. L'EQUILIBRE DES POUVOIRS

Au 1èr siècle, Rome régnait sur la Judée. Les Juifs bénéficiaient néanmoins d'une certaine liberté. Il entrait dans la politique romaine d'accorder aux peuples assujettis une large autonomie politique. Ainsi, les dignitaires romains ne s'immisçaient pas dans les affaires traitées par les tribunaux locaux, ce qui leur épargnait des problèmes éventuellement liés aux différences culturelles. L'objectif était de garantir la paix et de s'assurer la loyauté des provinces en leur permettant de suivre leurs coutumes et dans la pratique, de se gouverner par elles-mêmes. En dehors de la nomination ou de la révocation du grand prêtre – qui présidait le Sanhédrin – et de la levée des impôts, l'intervention romaine dans les affaires juives n'avait lieu que si leur propre souveraineté ou leurs propres intérêts l'exigeaient. Comme le montre le procès de Jésus, Rome semble avoir conservé son pouvoir d'appliquer la peine capitale. (Jean 18 : 31)

Le Sanhédrin administrait ainsi la plupart des affaires intérieures juives. Il disposait d'agents qui pouvaient procéder à des arrestations (Jean 7 : 32). Les cours intérieurs jugeaient les délits mineurs et les affaires civiles en toute indépendance vis-à-vis de Rome. Lorsque ces cours intérieurs ne parvenaient pas à statuer sur une affaire, elles s'en remettaient au Sanhédrin, dont le verdict était définitif.

Pour conserver ses attributions, le Sanhédrin était tenu de maintenir la paix et de soutenir Rome. Mais si les Romains suspectaient quelque crime politique, ils intervenaient et procédaient comme bon leur semblait. C'est ce qu'ils firent lors de l'arrestation de l'apôtre Paul. (Actes 21 : 31 – 40).

2) **COMPOSITION DU SANHEDRIN**

Le Sanhédrin comprenait 71 membres : le grand prêtre et 70 hommes choisis parmi les personnages les plus en vue de la nation. A l'époque romaine, ces hommes étaient des prêtres aristocrates (principalement des Saducéens), des laïques issus de la noblesse et des scribes du parti des Pharisiens. Dans l'assemblée dominaient les prêtres aristocrates, secondés par les juifs laïcs éminents. Si les Sadducéens étaient conservateurs, les Pharisiens eux, étaient libéraux ; c'étaient des chefs issus du peuple, sur lequel ils avaient une grande influence. D'après l'historien Josèphe Flavius, les Sadducéens n'accédaient qu'à contrecœur aux demandes des Pharisiens. Paul a tiré avantage de leur rivalité et de leurs divergences en matière de croyances lorsqu'il a présenté sa défense devant le Sanhédrin. (Actes 23 : 6 – 9).

Compte tenu de la nature aristocratique du Sanhédrin, il est probable que le statut de membre était permanent et que ceux qui venaient occuper les sièges devenus vacants faisaient l'objet d'une nomination par les membres en exercice. Selon la Mishna, les nouveaux membres devaient être « des prêtres, des Lévites, ou des Israélites dont les filles peuvent épouser des prêtres », autrement dit des Juifs qui pouvaient produire un arbre généalogique attestant la pureté de leur ascendance. Comme la haute cour juive supervisait l'appareil judiciaire de tout le pays, il semble logique de penser que ceux qui s'étaient fait un nom dans les cours inférieures étaient invités à occuper un siège au Sanhédrin.

4).JURIDICTION ET AUTORITE

Les Juifs éprouvaient un grand respect pour le Sanhédrin, et les juges des cours inférieures étaient tenus de se conformer à ses décisions, sous peine de mort. Le Sanhédrin se souciait particulièrement des qualifications des prêtres et des affaires concernant Jérusalem, son temple et le culte qui y était pratiqué. A strictement parler, la juridiction civile du Sanhédrin se limitait à la Judée. Mais comme l'interprétation qu'il faisait de la loi était jugée indiscutable, les communautés juives du monde entier lui reconnaissaient une autorité morale. Pour preuve, le grand prêtre et ses conseillers ordonnèrent aux chefs des synagogues de Damas de contribuer à l'arrestation de disciples de Christ (Actes 9 : 1, 2 ; 2 : 22 ; 4 :5 ; 26 : 12). De même, les Juifs qui s'étaient rendus à Jérusalem pour une fête devaient sans doute, de retour chez eux, faire connaître les décisions du Sanhédrin.

D'après la Mishna, seul le Sanhédrin était compétent pour traiter les questions d'importance nationale, entendre les juges qui contestaient ses décisions   et juger les faux prophètes. Jésus et Etienne comparurent devant la cour, accusés de blasphème : Pierre et Jean, eux, furent accusés de subversion ; quand à Paul, il fut accusé d'avoir profané le temple.(Marc 14 : 64 ; Actes 4 : 15 – 17 ; 6 : 11 ; 23 : 1 ; 24 :6.)

5).APPLICABILITE MAUVAISE.

1èr cas du jugement de Jésus et de ses disciples.

En dehors des sabbats et des jours saints, le Sanhédrin siégeait chaque jour, du sacrifice du matin à l'offrande du soir. Les procès n'avaient lieu que de jour. Comme la peine capitale ne pouvait être prononcée avant le lendemain du procès, les cas encourant une telle sanction n'étaient pas traités la veille d'un sabbat ou d'une fête. On rappelait expressément aux témoins combien il était grave de répandre le sang innocent. Le procès et la condamnation de Jésus au domicile de Caïphe, de nuit et la veille d'une fête, n'avaient donc rien de légal. Pire encore : les juges eux-mêmes ont cherché de faux témoins et ont persuadé Pilate d'ordonner l'exécution de Jésus.(Matthieu 26 : 57 – 59 ; Jean 11 : 47 – 53 ; 19 : 31).

D'après le Talmud, les juges amènes à statuer sur des cas encourant la peine de mort s'efforçaient de sauver le prévenu au cours de sessions tenues sans précipitation. Pourtant, Etienne, comme Jésus avant lui, n'a pas bénéficié d'un tel traitement. Sa défense devant le Sanhédrin lui a valu de mourir lapidé par une foule. L'apôtre Paul aurait très bien pu connaitre le même sort si les Romains n'étaient pas intervenus. En réalité, les juges du Sanhédrin conspiraient pour le tuer. (Actes 6 : 12 ; 7 : 58 ; 23 : 6 – 15).

2e CAS.L'EXCEPTION CONFIRME LA REGLE.

A. Au moins quelques membres du Sanhédrin semblent avoir été des hommes attachés à des principes. Il se peut que le jeune chef juif qui a discuté avec Jésus en ait fait partie. Malgré l'obstacle que pouvaient constituer ses richesses, il devait posséder certaines qualités puisque Jésus l'a invité à devenir un de ses disciples.(Matthieu 19 : 16 – 22 ; Luc 18 :18, 22.)

B. Sans doute par crainte de ce que les autres juges allaient penser, Nicodème, « un chef des Juifs », rendit visite à Jésus à la faveur de l'obscurité. Pourtant, il prit la défense de Jésus devant le Sanhédrin lorsqu'il demanda : « Notre loi ne juge pas un homme sans l'avoir entendu d'abord et sans avoir appris ce qu'il fait, n'est-ce pas ? « Plus tard, Nicodème offrit » un rouleau de mythe et d'aloès » pour préparer le corps de Jésus en vue de son enterrement. (Jean 3 : 1, 2 : 7 : 51, 52 : 19 : 39.)

c. Joseph d'Arimathée, autre membre de Sanhédrin, eut le courage de demander à Pilate le corps de Jésus et de le faire déposer dans sa propre tombe toute neuve. II « attendait le royaume de Dieu », mais la crainte des juifs l'empêchait de se faire connaitre comme un disciple de Jésus. A sa décharge, néanmoins, il n'accorda pas son vote au complot du Sanhédrin visant à faire tuer jésus. (Marc 15 : 43 – 46 ; Matthieu 27 : 57 – 60 ; Luc 23 : 50 – 53 ; Jean 19 : 38.)

D.Gamaliel, lui aussi membre de Sanhédrin, conseilla à sas pairs de laisser les disciples de Jésus tranquilles. « Sinon, leur dit-il, il se peut que vous soyez trouvés comme les hommes qui combattent en fait contre Dieu. « (Actes 5 : 34 – 39). Qu'est-ce qui a empêché la haute cour juive de reconnaître que Jésus et ses disciples avaient le soutien de Dieu ? Au lieu de prendre au sérieux les miracles de jésus, les membres du Sanhédrin se disaient : « Que devons-nous faire, parce que cet homme accomplit beaucoup de signes ? Si nous le laissons ainsi, ils auront tous foi en lui, et les Romains viendront enlever et notre lieu et notre nation. » (Jean 11 : 47, 48). L'attrait du pouvoir pervertissait la justice de la haute cour juive. Au lieu de se réjouir de ce que les disciples de Jésus pratiquaient des guérisons, les chefs religieux « se remplirent de jalousie ». (Actes 5 : 17.) Ayant la qualité de juges, ils auraient dû craindre Dieu et se monter justes, mais la plupart d'entre eux étaient corrompus, malhonnêtes. – Exode 18 : 21 ; Deutéronome 16 : 18 – 20.

3. <u>**LA JUSTICE PARFAITE**</u>

L'Ecriture nous enseigne que la source de l'organisation judiciaire de l'ancien Israël est la loi de Moïse telle qu'elle est mentionnée dans le livre de Deutéronome. Et Moïse l' reçu du ciel. Et quelque part, il est écrit : tu feras selon le modèle qui t'a été montré sur la montagne. » Ce que revient à affirmer que les choses terrestre sont une copie des choses célestes. A l'instant de la juridiction terrestre, il y a aussi une juridiction céleste. Car l'Ecriture déclare : « Quand le fils de l'homme viendra comme roi avec tous les anges, il s'assiéra sur son trône glorieux. Tous les peuples de la terre seront assemblés devant lui et il séparera les gens les uns des autres comme le berger sépare les moutons des chèvres ; il placera le mouton à sa droite et les chèvres à sa gauche... Et ils seront envoyés à la punition éternelle, tandis que les justes iront à la vie éternelle ». (Matthieu 25 : 31 – 46). Ces paroles sortaient de la bouche du Christ-Jésus lorsqu'il parlait du jugement dernier. Quand il reviendra en gloire, il sera revêtu de son corps glorieux. Et pour se présenter devant lui, les hommes vont ressusciter avec un corps glorieux. Ce dernier est de deux sortes : divin et satanique selon que la prophétie parle des brebis et des boucs. Les premiers sont des justes et les boucs sont des injustes. Et l'apôtre Jean a reçu la grâce de contempler la scène du jugement dernier dans sa grande révélation de Patmos :   « Puis je vis un grand trône blanc et celui qui y est assis. La terre et le ciel s'enfuirent devant lui, et on ne les revit plus. Ensuite, je vis les morts, grands et petits, débout devant le trône. Des livres furent ouverts. Un autre livre encore fut ouvert, le livre de la vie. Les morts furent jugés selon ce qu'ils avaient fait, d'après ce qui était écrit dans ce qu'ils avaient fait, d'après ce qui était écrit dans les livres , la mort et le monde des morts furent jetés dans le lac de feu. Ce lac de feu est la seconde mort. Quiconque n'avait pas son nom écrit dans le livre de la vie fut jeté dans le lac de feu. » L'apocalypse 20 : 11 – 15.). Cette vision montre clairement que le jugement dernier aura bel et bien lieu. Le Saint-Esprit qui anime le disciple du Christ-Jésus à prophétiser ne fait que confirmer le jugement dernier enseignement de son maitre quand il était encore parmi eux. Quelles que soient les circonstances les trois personnes divines, le Père, le Fils et le Saint-Esprit ne peuvent en aucun cas se contredire. Toute l'écriture sainte parle du jugement dernier. Les prophètes de l'ancienne alliance, le médiateur de la nouvelle alliance Jésus-Christ et les apôtres envoyés par le

Saint-Esprit y font tous allusion. Ce qui nous pousse à dire que nous allons tous comparaitre devant le tribunal de Dieu où chacun rendra compte de ses actes accompli durant son existence terrestre.

Nous avons dit que nous allons nous présenter devant la face du TRES-HAUT non avec nos corps physique mais avec nos corps glorieux que nous revêtiront à la résurrection des morts. Le corps glorieux a plusieurs propriétés dont les plus manifestes sont les suivantes :

Primo, le corps glorieux vit ou regarde en face le Très-Haut sans subir une transformation. Il voit la face de l'Eternel sans mourir. Il contemple toute la majesté divine dans les lieux célestes et peut nous fournir même les plus petits détails.

Secundo, le corps glorieux est immortel, il vit pour l'éternité. Il ne connaitra jamais la mort sinon la seconde mort que symbolise l'étang de feu. Dans ce lieu de supplice, il n'est pas fait mention de la disparition ou de la réduction en cendre de l'être humain, mais d'une éternelle punition, la brulure par le feu sans consumation du corps glorieux.

Tertio, le corps glorieux se déplace à la vitesse de l'éclair. Dans un laps de il peut parcourir des milliers de kilomètre. Rappelons pour mémoire que la science physique nous enseigne que la vitesse de la lumière est de 300.000.000 m/s. C'est cela la vitesse moyenne du corps glorieux. Le Christ-Jésus fait état de la chute de Satan comme un éclair. Et dans un autre endroit, il compare sa seconde venue à un éclair. (Luc 10 : 18 ; Matthieu 24 : 27). C'est aussi la vitesse d'un ange. (Hébreux 1 : 7).

Quarto, le corps glorieux peut traverser entre deux électrons d'un atome qui entre dans la composition de toutes les matières. Ainsi, il pénètre dans une boule de verre, il traverse le mur d'une maison hermétiquement fermée, … En bref, il n'y a pas de surface imperméable pour ce corps ; en revanche tout lui est possible. (Jean 20 : 19 ; 21 : 4 -7).

A vrai dire les nombreuses sont les propriétés du corps glorieux. Après cet aperçu général, nous passons directement à l'organisation du tribunal céleste.

A. *L'Organisation et fonctionnement de tribunal céleste ad hoc*

A l'instar de son de son homologue terrestre, le tribunal céleste est doté d'une organisation appropriée. De cela s'ajoute un fonctionnement spécifique. De ce fait, il dispose d'un personnel sans précédent. Le déroulement au code civil à triple volet.

1. LE PERSONNEL JURIDIQUE

Adonaï Yahweh El Shaddai remplit la fonction de juge président. Il est à la tête de la cour céleste et martiale. Il dirige toutes les opérations tout le long du procès. Il est assisté par les huissiers audacieux que qui sont les quatre serviteurs de l'Eternel et les vingt-quatre apôtres.

Adonaï Yehoshua Machiya joue le rôle d'avocat général. Il défend tous les justes en présentant devant l'auguste assemblée ses marques de plaies au tout simplement ses plaies pour déclarer l'accusé qui a exercé foi en lui non coupable parce qu'il a été lavé, purifié et sanctifié par son sang répandu sur la montagne de Golgotha. Il plaide pour les enfants de Dieu.

Adonaï Paraclet est le procureur général céleste. Il exerce les fonctions du ministère public près la cour de cassation. Il est autoritaire et cassent en sa qualité de gardien de la loi royale.

Lucifer le grand plaignant. Il accuse les enfants de Dieu en particulier jusque dans les moindres détails. Il indexe même un regard amoureux d'un oint de Dieu envers un être de sexe opposé bien que cela soit un phénomène naturel.

GABRIEL agit entant qu'huissier de justice céleste. Il est l'officier ministériel qui a pour charge de signifier les actes de justice, de mettre à exécution les jugements ...., il est fort en exploit.

2. LE CODE CIVIL CELESTE.

Le code civil est un recueil de lois, d'ordonnances qui régissent le rapport des hommes envers la société et les rapports des hommes entre eux dont le juge se sert pour régler les conflits. Le ciel aussi dispose de ce corps de législation. En effet l'Ecriture déclare : « Et je vis les morts, les grands et les petits, se tenant devant le trône ; et des livres furent ouverts ; et un autre livre fut ouvert qui est celui de la vie. Et les morts furent jugés d'après les choses qui étaient écrites dans les livres, selon leurs œuvres. »   (Apocalypse 20 : 12). Certainement le texte dégage l'existence des plusieurs documents codifiés selon qu'il parle des livres tout en mettant un accent particulier sur le livre de vie de l'agneau immolé Christ-Jésus. En réalité il y en a trois. A côté de celui que nous venons de signaler, nous avons la balance ou la loi de la conscience et la loi de Moïse.

a. La balance ou la loi de la conscience.

Nous avons vu que la vénération de Lucifer a corrompu le genre humain. Au fil du temps, cette adoration a pris certaines transformations en ce sens que tous les dieux des peuples vont des idoles. A dire vrai tout le monde pratique l'idolâtrie s'est rendu coupable de la transgression de l'alliance divine. Mais, et ce mais est très important, il y a eu certaines personnes possédant une conscience pure qui ne se livraient pas à des excès ou à des sacrilèges orchestrés par toute ces religions antiques. Pour tous ces gens, la providence a établi la balance comme quoi, les actes posés par tous ceux qui n'ont entendu parler de la loi de Moïse ou du Christ-Jésus y seront pesés. Ils seront déclarés non-coupables ou coupables selon qu'ils seront trouvés lourds ou léger par rapport à la volonté de Dieu. Le prophète Daniel, lors de la captivité babylonienne, interprétait l'Ecriture sainte : « THEKEL : tu as été pesé à la balance, et tu as été trouvé manquant de poids. » (Daniel 5 : 27). De son côté d'apôtre Paul dit : « car tous ceux qui ont péché sans la loi, périront aussi sans la loi ; …. Car ce ne sont pas les auditeurs de la loi qui sont justes devant Dieu ; mais ce sont ceux qui accomplissent la loi qui seront justifiés ; car quand les nations qui n'ont point de loi, font naturellement les choses de la loi, n'ayant pas de loi, elles sont loi à elles-mêmes, et elles montrent l'œuvre de la loi, écrite dans leurs cœurs, leur conscience rendant en même temps témoignage, et leurs pensées s'accusant entre elles, ou aussi s'excusant. » (Romains 2 : 12 a ; 13 − 15).

Le Saint-Esprit, par ses deux représentants, confirment l'existence de la balance comme instrument de jugement pour tous ceux qui sont morts sans connaître Moïse ou Christ-Jésus. D'ailleurs la plus part des récits mythologiques font état de la balance sacrée.

b. Les tables de la loi ou la loi de Moïse

Au sens strict, la loi de Moïse désigne les dix commandements de Dieu données à Moïse en Mont Sinaï gravés sur deux tablettes de pierre, elle signifie au sens large, le mot que les juifs désignent aux cinq premiers livres de la bible, appelés aussi « livre de Moïse ou Thora ». Parfois le terme est utilisé dans un sens plus général, pour désigner l'ensemble de l'ancienne alliance ou testament.

En effet, voulant créer un peuple qui lui appartient conformément à la promesse faite à Abraham relative à la grande nation, le Très-Haut a doté Israël de la loi, des statuts et des ordonnances. (Malachie 4 : 4) pour sa bonne marche. Les deux pouvoirs, temporel et spirituel, étaient régis par la loi. Et selon cette législation, il a prévu un jour où il jugera les hommes après la fin du monde. C'est le jour de la résurrection. Le jugement se fera en vertu de ce qui se trouve contenu dans la loi de Moïse. Car l'Ecriture déclare : « et tous ceux qui ont péché sous la loi, seront jugés par la loi. » (Romains 2 : 12b).

De plus, Dieu a ordonné le prosélytisme le juif s'appliquait aussi à cette tâche de faire de nouveaux convertis d'antre toutes les nations. Ces dernières étaient obligées de pratiquer toute la loi de Moïse, la circoncision notamment. Il y avait donc choc de codes. La balance se heurtait à la loi de Moïse. Elle tombait devant la loi. Autrement dit, quand la balance entre en contact avec la loi, elle tombe et cesse d'exister, car El est un dieu jaloux qui réclame un culte exclusif. (Exode 20 : 3).

c. *Le livre de vie de Christ-Jésus.*

Le livre de vie n'est autre que la bonne nouvelle du Christ-Jésus, l'évangile qui confère la vie éternelle. (Jean 3 : 16). Car l'Ecriture le résume de la manière suivante : « Père, l'heure est venue ; glorifie ton fils, afin que ton fils te glorifie, comme tu lui as donné autorité sur toute chair, afin que [quant à] tout ce que tu lui as donné, il leur donne la vie éternelle. Et c'est ici la vie éternelle, qu'ils le connaissent seul vrai Dieu, et celui que tu as envoyé, Jésus-Christ. » (Jean 17 : 1 – 3). Et dans son adresse aux   romains, l'apôtre Paul dit : « La parole est près de toi, dans la bouche et dans ton cœur, c'est-à-dire la parole de la foi, laquelle nous prêchons, [savoir] que, si tu confesses de ta bouche Jésus comme Seigneur et que tu croies dans ton cœur que Dieu l'a ressuscité d'entre les morts, tu seras sauvé. Car du cœur on croit à justice, et de la bouche on fait confession à salut. » (Romains 10 : 8 – 10).

Il est généralement admis que nous sommes sauvés par la grâce au moyen de la foi. Une fois qu'un être   humain entend personnellement la bonne nouvelle et accepte le Christ-jésus comme étant son Seigneur et son Sauveur, automatiquement il possède la vie éternelle. Simultanément, son nom est inscrit dans le livre de vie de l'agneau immolé, le fils de Dieu, Dieu le Fils unique.

Le livre de vie contient deux parties, le contenu de la bonne nouvelle suivi de la liste des tous ceux qui croient au Fils de Dieu depuis son séjour terrestre jusqu'à son retour glorieux pour le jugement, toute personne qui a entendu la parole de Dieu devra rendre compte en vertu de ce qui est écrit dans le livre de vie.

Nous avons précédemment montre que le choc de la balance et des tables de la loi parle en faveur du second code. Maintenant les deux ne résistent pas devant la force du livre de vie. En face de l'évangile du Christ-Jésus, la balance et la loi de Moïse volent en éclat. Autrement dit, l'idolâtrie criminelle et la loi mosaïque se prosternent devant le Seigneur de toute la terre.

3. <u>LE PROCES</u>

En principe, une affaire poursuivie en justice oppose un demandeur et un défenseur, c'est au premier que revient la responsabilité de prouver l'exécution de l'obligation qu'il réclame toute fois, le défenseur peut se transformer en demandeur s'il soulève un moyen de défense. C'est le « Reus in expiendo fit actor » qui prévaudra quand les enfants de Dieu vont mettre tous les torts sur le dos de Lucifer et demanderont sa condamnation. (Apocalypse 6 : 9 – 10).

Quant à la qualité de l'accusé en cause, il y a lieu de distinguer deux procès. Premièrement celui des justes, en second lieu celui des injustes.

a. *Les justes.*

Depuis la transgression de l'alliance édénique, il n'y a pas de justes, même un seul. (Romain 3 : 10). Par sa miséricorde infinie, le Très-Haut rend les hommes justes par d'obéissance au Christ-Jésus. C'est donc la foi qui sauve. Une foi justifié, l'être humaine ne devient pas parfait à la manière de Dieu. Il vit encore sur la terre, et son corps de chair et de sang continu à prêcher. Et c'est à cause des péchés commis après sa nouvelle naissance que le juste comparaitra devant le tribunal de Dieu. En effet l'Ecriture déclare : « Car le temps [est venu] de commencer le jugement par la maison de Dieu ; mais s'il commence premièrement par nous, quelle sera la fin de ceux qui n'obéissent pas à l'évangile de Dieu ? Et si le juste est sauvé difficilement, où paraitra l'impie et péchera ? » (I Pierre 4 : 17 – 18). Surveillant de près les actes posés par les chrétiens, Lucifer les accusera continuellement devant l'injuste cour divine et réclamera leurs âmes comme il a osé de faire avec le corps de Moïse. (Jude 9). C'est en ce moment que l'avocat général Adonaï Yehoshua Machia posera de tout son poids pour déclarer les chrétiens qui ont foi en lui non coupables, parce qu'il s'est rabaissé jusqu'au sacrifice suprême et ignoble sur la crois où il s'est fait constituer rançon payer au Diable. Sang répandu qui a affaiblit Satan l'a rendu inactif devant le Christ-jésus et devant quiconque qui croit en lui. Donc à cause des actions mauvaises commises lors de leur séjour terrestre, les saints seront traduits en justice.

b. Les injustes

Le jugement des injustes vient après celui des justes. Le TRES-HAUT vient monter par-là que le genre humain n'a jamais atteint la perfection quel que soit l'onction accordée. En effet l'Ecriture déclare : « Et tous ceux-ci, ayant reçu témoignage par la foi, n'ont pas reçu ce qui avait été promis, Dieu ayant eu en vue quelque chose de meilleur pour nous, afin qu'ils ne parvinssent pas à la perfection sans nous ? (Hébreux 11 : 39 – 40). La raison pour laquelle les justes comparaîtront devant le tribunal de Dieu est, avons-nous dit, qu'ils possèdent un corps de chair et de sang dans lequel habite le mort. C'est cet élément nuisible qui pousse la race humaine à enfreindre l'alliance du TRES-HAUT.

Les injustes viennent, quant à eux, au jugement pour deux raisons. Hormis ce qui dit ci-haut, ils vont comparaitre parce qu'ils n'ont pas obéis aux trois livres ou trois codes. De prime abord, ceux qui ont tourné le dos à la balance sont inexcusables. (Romains 1 : 18 – 23). Ensuite tous ceux qui désobéissent à la loi de Moïse, juif comme prosélyte, vont à leur tour rendre compte à Dieu. (Romains 3 : 9 – 19). La revendication de la paternité abrahamique par les juifs le conduit à un sentiment d'exaltation et d'orgueil que les prophètes ont dénoncé à corps et à cri. Sans le savoir, tous les récalcitrants étaient déjà sanctionnés. (Matthieu 3 : 7 – 10). Enfin toute personne qui refuse le livre de vie, le Christ-Christ, comparaitre devant le tribunal de Dieu sans autre forme de procès. Car l'Ecriture déclare : « car Dieu n'a pas envoyé son fils dans le monde afin qu'il jugeât le monde, mais afin que le monde fut sauvé par lui. Celui qui croit en lui n'est pas jugé, mais celui qui ne croit pas est déjà jugé, parce qu'il n'a pas cru au nom du Fils unique de Dieu. Or c'est ici le jugement, que la lumière est venue dans le monde, et que les hommes ont mieux aimé les ténèbres que la lumière, car leurs œuvres étaient mauvaises ; car quiconque fait des choses mauvaises hait la lumière, et ne vient pas à la lumière, de peur que ses œuvres ne soient reprises ; mais celui qui pratique la vérité vient à la lumière, afin que ses ouvres soient manifestées, qu'elles sont faites en Dieu. » (Jean 3 : 17 – 21).

En réalité, le jugement est réserve pour les incroyants. Les justes sont exemptés par le sacrifice de Christ-Jésus sur la croix suivi de sa résurrection d'entre les morts. S'ils seront traduits en justice, ce sera pour répondre à l'accusation mensongère que Lucifer portera contre eux. Selon le roi des esprits rebelles, tout le monde doit périr avec lui sans exception aucune. Tandis que   le jugement des injustes est de droit, celui des justes est de complaisance, car Christ-Jésus prendra fait et cause pour eux. (Romains 8 : 1 – 4 ; 8 : 31 – 34). Ce qui revient à affirmer que le TRES-HAUT se constituera juge et parti pour tous les chrétiens nés de nouveau.

B. La sentence

Les débats et les délibérations accompagnant le procès final obligeait le président de la cour de cassation céleste Yahweh, d'un commun accord avec Yehoshua Machia l'avocat général et Paraclet le procureur général à prononcer le verdict d'acquittement et celui de condamnation. En effet l'Ecriture déclare : « Et celui qui assis sur le trône dit : Voici je fais toutes choses nouvelles. Et il me dit : c'est fait. Moi je suis l'alpha et l'oméga, le commencement et la fin. A celui qui a soif, je donnerai, moi, gratuitement de la fontaine de l'eau de la vie. Celui qui vaincra héritera de ces choses, et je lui serais Dieu, et lui me sera fils. Mais quant aux timides, et aux incrédules, et à ceux qui se sont souillés avec des abominations, et aux meurtriers, et aux fornicateurs, et aux magiciens, et aux idolâtres, et à tous les menteurs, leur part sera dans l'étang brûlant de fau et de soufre, qui est la seconde mort. » (Apocalypse 21 : 5 – 8).A la lumière du texte, nous sommes en présence de deux domaines préparés pour accueillir les humains et les anges déchus à savoir, le royaume de Dieu communément appelé le Paradis de Dieu et l'enfer.

1. <u>LE ROYAUME DE DIEU OU LE PARADIS</u>

Les éléments constitutifs d'un état moderne sont la population, le gouvernement et le territoire. Selon l'idéal théocratique de l'ancienne alliance, Dieu règne sur le peuple élu (Israël) et ce dernier sur le reste du monde (les nations). Cette conception ne cadre pas avec la réalité du fait que la nation israélienne n'a jamais dominé le monde actuel. La chose est possible dans le monde avenir. Il s'agir donc de la royauté de Dieu sur les chrétiens oints et les chrétiens oints sur le reste du peuple de Dieu ou les chrétiens tout court. En effet, l'Ecriture déclare : « Et je vis un nouveau ciel et une nouvelle terre ; car le premier ciel et la première terre s'en étaient allés, et la mer n'est plus. » (Apocalypse 21 : 1). Contrairement aux royaumes du monde, le royaume de Dieu possède deux territoires, le ciel et la terre.

a. Le nouveau ciel.

Le nouveau ciel ou le paradis céleste est le siège du gouvernement du royaume de Dieu. Seuls les chrétiens oints du Saint-Esprit, les « pleins chrétiens » ou encore la classe des cent quarante-quatre mille esclaves de

Dieu scellés de son sceau : ce sont les serviteurs du Très-Haut qui ont exercé les ministères de la parole dans l'assemblée et voient le Père en face. C'est pour quoi ils ont obtenu ce privilège de vivre ensemble avec Dieu (PERE – FILS – ESPRIT-SAINT) pour l'éternité. Ils deviennent comme des anges ayant pour mission d'exalter le créateur. Ils seront privés de droit de cuissage et ils ne se marieront point. Autrement dit ces êtres qui ont atteint la perfection ne prendront point de femme.

La vérité concernant la vie dans le Paradis céleste a scandalisé à l'un de nos camarades ayant su que le mariage n'y aura pas court, en sa qualité d'adorateur de sexe féminin, il fut de son mieux pour ne pas servir Dieu c.-à-d. il refusait à tout prix d'accéder au ministère de la parole afin de décliner sa candidature pour le Paradis céleste. Il préfère rester sur la terre pour se marier plutôt d'aller au ciel afin d'en être privé. Pour lui, il n'y a que la femme qui compte, et rien que la femme. Drôle de type !

Au jour le jour, les serviteurs de Dieu reçoivent des instructions en provenance du trône de la majesté divine qu'ils transmettent quotidiennement sur la terre où vivent la grande foule menant une existence normale semblable à celle d'Adam et Eve avant la déchéance. Les détails concernant la vie dans la cité céleste sont décrits dans le livre 'Apocalypse de Jean du neuvième verset du chapitre vingt et un au cinquième verset du chapitre suivant.

b. La nouvelle terre

La nouvelle terre est le territoire des enfants de Dieu qui ont reçu le Fils de Dieu. Ils n'appartiennent pas à la classe des cent quarante-quatre mille scellés du trône de Dieu. Ils seront sur la terre nouvelle tout un moment une vie normale. Cette fois-là dépourvue de souffrances. Les calamités céderont place au bonheur et à la prospérité.

Tandis que les gouvernants resteront sur le nouveau ciel, les gouvernés résideront sur la nouvelle terre. Ils sont dirigés par les citoyens du ciel qui voyagent du ciel à la terre, et vice et versa, à la vitesse de l'éclair. Il n'y aura plus le soleil pour présider le jour et la lune pour gouverner la nuit. Sa lumière proviendra du nouveau ciel éclairé par Elohim. (Apocalypse 21 : 23 – 24).En réalité, le nouveau ciel n'est autre que la capitale du royaume de Dieu, Eden d'antan. AMEN.

BIBLIOGRAPHIE

1. La Sainte Bible, John Nelson Sarly ; Bible et Publications Chrétiennes 2020
2. La Sainte Bible, Traduction Œcuménique de la Bible, 2017.
3. Encyclopédie du Protestantisme, Pierre Gisel et Kaemel Lucie, Labord é Fides, Genève ; cerfs, Paris, 1955
4. Je crois en Dieu le Père, Leo Duviensart S.J, Mediaspaul, 1999.
5. La Mythologie Primitive, Lucien Levy-Bruhl, P.U.F, 1963
6. La Grand Conflit, Ellen G.White, Elie Association, France, 1993.
7. Votre Esprit peut vous Guérir, Frederick W.Bailes, Dangles, 1986.
8. Grand Larousse, France, 1989.
9. L'évangélisation dans l'église primitive, Michaël Green, Emmaus, 1981.
10. L'épitre de Saint Paul aux éphésiens, Michel Boutien, IX° edition, Labor et Fides, 1991.
11. Dogmatique, karl barth, Labor et Fides 1994,
12. Institutions politique et droit constitutionnel, Maurice Duverger, P.U.F, themis-droit, 1992.
13. Constitution de la République Démocratique du Congo, Cabinet du Président de la République, Journal Officiel, 2011
14. COMMENT INTERPRETER LA BIBLE, Alfred Kuen, EMMAÜS 1992,
15. Initiation à la méthode historique, L.Greindl, Centre de Recherches, Pédagogiques, Kinshasa, 1996.

I want morebooks!

Buy your books fast and straightforward online - at one of world's fastest growing online book stores! Environmentally sound due to Print-on-Demand technologies.

Buy your books online at
www.morebooks.shop

Achetez vos livres en ligne, vite et bien, sur l'une des librairies en ligne les plus performantes au monde!
En protégeant nos ressources et notre environnement grâce à l'impression à la demande.

La librairie en ligne pour acheter plus vite
www.morebooks.shop

Printed by Books on Demand GmbH, Norderstedt / Germany